MARCHA CRIANÇA 3

LINGUAGEM

CB142150

Maria Teresa Marsico
Professora graduada em Letras pela Universidade Federal do Rio de Janeiro (UFRJ) e em Pedagogia pela Sociedade Unificada de Ensino Superior Augusto Motta. Atuou por mais de trinta anos como professora de Educação Infantil e Ensino Fundamental das redes municipal e particular no município do Rio de Janeiro.

Armando Coelho de Carvalho Neto
Atua desde 1981 com alunos e professores das redes oficial e particular de ensino do Rio de Janeiro. Desenvolve pesquisas e estudos sobre metodologias e teorias modernas de aprendizado. É autor de obras didáticas para Ensino Fundamental e Educação Infantil desde 1993.

editora scipione

editora scipione

Diretoria de conteúdo e inovação pedagógica
Mário Ghio Júnior
Diretoria editorial
Lidiane Vivaldini Olo
Gerência editorial
Luiz Tonolli
Editoria de Anos Iniciais
Tatiany Telles Renó
Edição
Tatiany Telles Renó
Arte
Ricardo de Gan Braga (superv.),
Andréa Dellamagna (coord. de criação),
Gláucia Correa Koller (progr. visual de capa e miolo),
Elen Coppini Camioto (editora de arte) e
Christine Getschko (assist. de arte)
Revisão
Hélia de Jesus Gonsaga (ger.),
Rosângela Muricy (coord.), Heloísa Schiavo (prep.),
Ana Curci, Ana Paula Chabaribery Malfa,
Luís Maurício Boa Nova, Vanessa de Paula Santos e
Brenda Morais (estag.)
Iconografia
Sílvio Kligin (superv.), Tamires Reis Castillo (pesquisa),
César Wolf e Fernanda Crevin (tratamento de imagem)
Ilustrações
ArtefatoZ (capa), Juan Carlos Federico (aberturas),
Ilustra Cartoon e Alexandre Matos

2023
ISBN 978 85 262 96206 (AL)
ISBN 978 85 262 96190 (PR)
Cód. da obra CL 738969
CAE 541 667 (AL) / 541 649 (PR)
5ª edição
10ª impressão
Impressão e acabamento
Vox Gráfica

Dados Internacionais de Catalogação na Publicação (CIP)
(Câmara Brasileira do Livro, SP, Brasil)

Marsico, Maria Teresa
Marcha criança : educação infantil : linguagem / Maria Teresa Marsico, Armando Coelho de Carvalho Neto. – – 5. ed. – – São Paulo : Scipione, 2015. – – (Coleção marcha criança)

Obra em 3 v.

1. Educação infantil 2. Linguagem (Educação infantil) I. Carvalho Neto, Armando Coelho de. II. Título. III. Série.

15-02803 CDD-372.21

Índice para catálogo sistemático:
1. Linguagem : Educação infantil 372.21

PREPARAMOS ESTE LIVRO COM MUITO CARINHO ESPECIALMENTE PARA VOCÊ. ELE ESTÁ REPLETO DE SITUAÇÕES E ATIVIDADES MOTIVADORAS, QUE CERTAMENTE DESPERTARÃO SEU INTERESSE E LHE PROPORCIONARÃO MUITAS DESCOBERTAS. ESPERAMOS QUE COM ELE VOCÊ ENCONTRE SATISFAÇÃO NO CONSTANTE DESAFIO DE APRENDER!

OS AUTORES

Os textos sem referência são de autoria de Maria Teresa Marsico e Armando Coelho.

CONHEÇA SEU LIVRO

COM A COLEÇÃO **MARCHA CRIANÇA** VOCÊ APRENDE BRINCANDO!

RODA DE CONVERSA

EM CADA INÍCIO DE UNIDADE, VOCÊ SERÁ CONVIDADO A TROCAR EXPERIÊNCIAS, CONVERSANDO COM SEUS COLEGAS SOBRE ASSUNTOS VARIADOS.

O TEMA É...

ESTA SEÇÃO VAI FAZER VOCÊ REFLETIR E COMPREENDER MELHOR O MUNDO EM QUE VIVEMOS.

FAZENDO ARTE

ESTA SEÇÃO TRAZ PROPOSTAS DE ATIVIDADES ARTÍSTICAS, ÓTIMAS PARA DESENVOLVER A CRIATIVIDADE.

HORA DA HISTÓRIA

NESTA SEÇÃO, A LEITURA DE HISTÓRIAS SE TORNARÁ AINDA MAIS INTERESSANTE.

HORA DE BRINCAR

NESTA SEÇÃO, VOCÊ VAI SE DIVERTIR COM JOGOS, BRINCADEIRAS E PASSATEMPOS MUITO INTERESSANTES!

SUGESTÕES PARA O ALUNO

NESTAS PÁGINAS, INDICAÇÕES DE LIVROS, CDs E DVDs PARA COMPLEMENTAR OS TEMAS ESTUDADOS.

MATERIAL DE APOIO E ADESIVOS

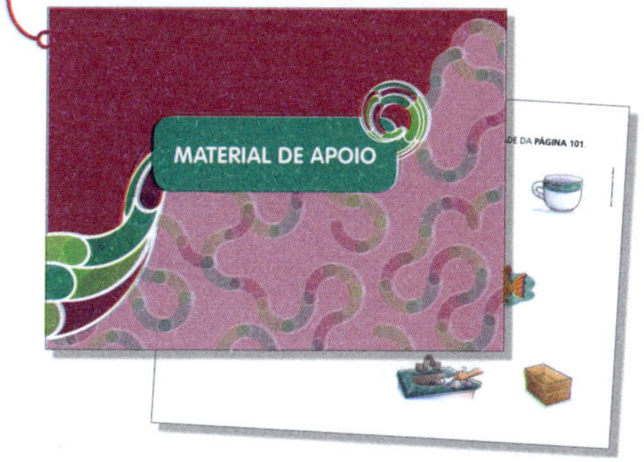

NO FINAL DO LIVRO, VOCÊ ENCONTRARÁ MATERIAIS PARA REALIZAR ALGUMAS ATIVIDADES DE MANEIRA DIVERTIDA.

ALMANAQUE DAS LETRAS + LIVRO DE LEITURA

CADA VOLUME É ACOMPANHADO POR UM ALMANAQUE DAS LETRAS E UM LIVRO DE LEITURA.
NO *SITE* WWW.MARCHACRIANCA.COM.BR VOCÊ PODE OUVIR A CONTAÇÃO DESSAS HISTÓRIAS E TAMBÉM ALGUMAS CANTIGAS.

ÍCONES

AO LONGO DO LIVRO VOCÊ VAI ENCONTRAR OS ÍCONES A SEGUIR, QUE DÃO DICAS SOBRE AS ATIVIDADES.

ADESIVO
EXPRESSÃO ORAL
COLAGEM
LEITURA
CONFECÇÃO
PERCEPÇÃO VISUAL
DESENHO
PINTURA
EXPRESSÃO CORPORAL
TRAÇADO

SUMÁRIO

Ilustrações: Juan Carlos Federico/Arquivo da editora

UNIDADE 1

ESPAÇO DE CONHECIMENTO E DIVERSÃO

Juan Carlos Federico/Arquivo da editora

RODA DE CONVERSA

AS AULAS VÃO RECOMEÇAR E AS CRIANÇAS QUEREM CONTAR COMO FORAM SUAS FÉRIAS. O QUE VOCÊ MAIS GOSTOU DE FAZER NESSE PERÍODO?

Ilustra Cartoon/Arquivo da editora

DATA: _____ /_____ /_____

BRINCANDO E APRENDENDO COM OS COLEGAS

COMO É BOM ESTAR DE VOLTA À ESCOLA!
VAMOS CUMPRIMENTAR OS COLEGAS DE CLASSE?

TODO DIA,
NA ESCOLA,
A PROFESSORA,
O PROFESSOR.
A GENTE APRENDE,
E BRINCA MUITO
COM DESENHO,
TINTA E COLA.

AMIGOS DO PEITO, DE CLÁUDIO THEBAS. SÃO PAULO: FORMATO, 1996.

Ilustra Cartoon/Arquivo da editora

DATA: _____ /_____ /_____

NA SALA DE AULA, AS CRIANÇAS LERAM SOBRE O JABUTI. VAMOS LER TAMBÉM?

JABUTI

SEMPRE CALMO, DEVAGAR.
TUDO PARECE MAIS LONGE.
PARA IR DAQUI PARA LÁ,
JABUTI TEM A PACIÊNCIA
DE UM MONGE.

É UMA PEDRA QUE ANDA?
PEDAÇO VIVO DE UM ROCHEDO?
JABUTI É BICHO DE ALMA BRANDA.

JABUTI NÃO É BRINQUEDO.

BONITEZA SILVESTRE, DE LALAU E LAURABEATRIZ.
SÃO PAULO: PEIRÓPOLIS, 2007.

Ilustra Cartoon/Arquivo da editora

AGORA TRACE O CAMINHO QUE O JABUTI PRECISA FAZER PARA CHEGAR ATÉ AS FLORES.

DATA: _____ /_____ /_____

AS CRIANÇAS ADORAM BRINCAR NO PÁTIO.
CANTE E BRINQUE DE AMARELINHA COM OS COLEGAS.

AMARELINHA

SALTITANDO
DE UM JEITINHO DELICADO,
BALANÇANDO
A TRANCINHA
DE CABELO COR DE TRIGO
E SORRISO
ILUMINADO,
A MENINA
COM CUIDADO
VAI PULANDO
AMARELINHA,
OLHANDO O CHÃO
RABISCADO
PARA NÃO PISAR
NA LINHA.

O BAILADO: PRIMEIROS MOVIMENTOS, DE HARDY GUEDES ALCOFORADO FILHO. SÃO PAULO: SCIPIONE, 2008.

Ilustra Cartoon/Arquivo da editora

HORA DE BRINCAR

VÍTOR E SEUS AMIGOS ESTÃO BRINCANDO DE ELEFANTE COLORIDO.
SIGA AS INSTRUÇÕES DO PROFESSOR PARA BRINCAR TAMBÉM.

Ilustra Cartoon/Arquivo da editora

DATA: _____ /_____ /_____

NA BRINCADEIRA DO ELEFANTE COLORIDO, VÍTOR ESTÁ QUASE ENCOSTANDO EM DANIELA. ELA PRECISA TOCAR EM ALGO VERDE. VAMOS AJUDÁ-LA A SE LIVRAR DO PEGADOR? PINTE DE ALGO QUE ESTÁ PERTO DA MENINA.

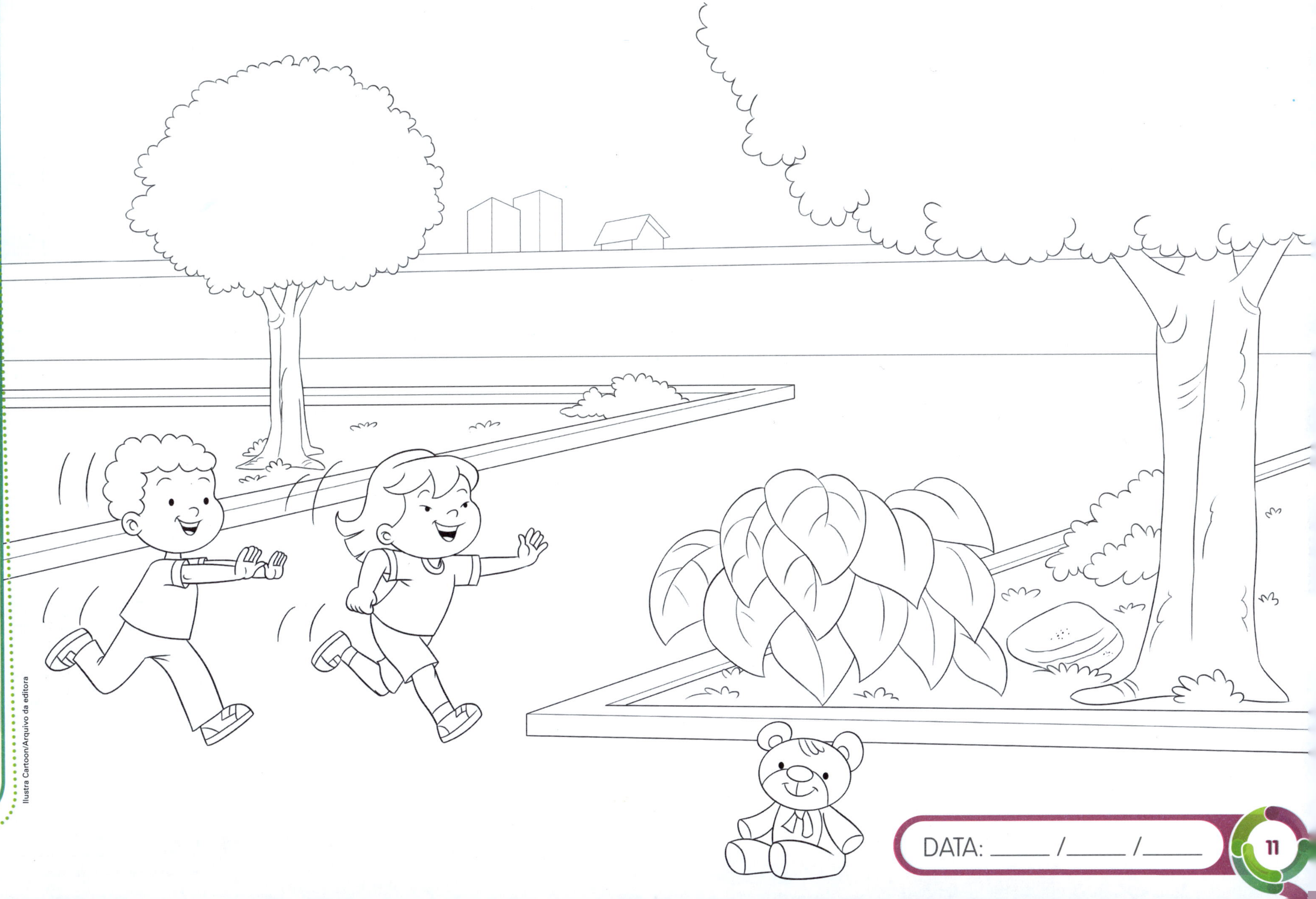

Ilustra Cartoon/Arquivo da editora

DATA: ____ /____ /____

BRINCAR COM AS PALAVRAS É MUITO DIVERTIDO. VAMOS REPETIR O TRAVA-LÍNGUA?

O GATO ESCONDIDO
COM RABO DE FORA
TÁ MAIS ESCONDIDO
QUE RABO ESCONDIDO
COM GATO DE FORA.

Ilustra Cartoon/Arquivo da editora

ENCONTRE TRÊS GATINHOS ESCONDIDOS NA CENA.

DATA: _____ /_____ /_____

O TEMA É...

CUIDAR DOS ANIMAIS!

OS ANIMAIS TAMBÉM PRECISAM DE CUIDADOS, ASSIM COMO AS CRIANÇAS.
OBSERVE AS CENAS ABAIXO. O QUE PODEMOS FAZER PARA CUIDAR DESTES ANIMAIS?

Ilustra Cartoon/Arquivo da editora

DESTAQUE OS ADESIVOS DO FINAL DO LIVRO PARA AJUDÁ-LOS.

DATA: _____ /_____ /_____

BRINCANDO E APRENDENDO COM O ALFABETO

VAMOS BRINCAR DE ADIVINHAR?

O QUE É, O QUE É?
DENTRO DELE HÁ MUITAS LETRAS
JÁ CONTEI MAIS DE UMA VEZ:
SÃO AO TODO VINTE E SEIS!

DESCUBRA O CAMINHO QUE LEVA O MENINO ATÉ O SEGREDO ESCONDIDO.

Ilustra Cartoon/Arquivo da editora

DATA: _____ /_____ /_____

AGORA QUE VOCÊ DESCOBRIU O SEGREDO, VAMOS CONHECER MELHOR O ALFABETO?

Aa  ABELHA Pan Xunbin/Shutterstock/Glow Images	Bb  BOLA SUJIN SAENSING/Shutterstock/Glow Images	Cc  CAVALO Abramova Kseniya/Shutterstock/Glow Images	Dd  DADO Planner/Shutterstock/Glow Images	Ee  ELEFANTE gualtiero boffi/Shutterstock/Glow Images	Ff  FEIJÃO Kjetil Kolbjornsrud/Shutterstock/Glow Images
Gg  GATO Ermolaev Alexander/Shutterstock/Glow Images	Hh  HELICÓPTERO kurtcan/Shutterstock/Glow Images	Ii  IOIÔ Mike Flippo/Shutterstock/Glow Images	Jj  JACARÉ nattanan726/Shutterstock/Glow Images	Kk  *KETCHUP* Steve Cukrov/Shutterstock/Glow Images	Ll  LARANJA Andrey Shtanko/Shutterstock/Glow Images
Mm  MAÇÃ Valentina Razumova/Shutterstock/Glow Images	Nn  NAVIO Kostyantyn Ivanyshen/Shutterstock/Glow Images	Oo  OVO rangizzz/Shutterstock/Glow Images	Pp  PATO Aksenova Natalya/Shutterstock/Glow Images	Qq  QUEIJO Jiri Hera/Shutterstock/Glow Images	Rr  RELÓGIO Carlos Caetano/Shutterstock/Glow Images
Ss  SAPO Michiel de Wit/Shutterstock/Glow Images	Tt  TATU Vereshchagin Dmitry/Shutterstock/Glow Images	Uu  UVA Tischenko Irina/Shutterstock/Glow Images	Vv  VACA Eric Isselee/Shutterstock/Glow Images	Ww  *WEBCAM* Volodymyr Krasyuk/Shutterstock/Glow Images	Xx  XÍCARA Bespaliy/Shutterstock/Glow Images
Yy  *YAKISOBA* bonchan/Shutterstock/Glow Images	Zz  ZEBRA Patryk Kosmider/Shutterstock/Glow Images				

UTILIZE AS FICHAS DO **MATERIAL DE APOIO** PARA FORMAR OUTRAS PALAVRAS QUE VOCÊ CONHECE.

DATA: _____ /_____ /_____

PINTE AS LETRAS DO ALFABETO QUE COMPÕEM O SEU NOME.

A	B	C	D	E	F
G	H	I	J	K	
L	M	N	O	P	Q
R	S	T	U	V	
W	X	Y	Z		

DATA: ____/____/____

BRINCANDO E APRENDENDO COM AS VOGAIS

OUÇA A CANTIGA E CIRCULE COM LÁPIS COLORIDO AS PALAVRAS QUE RIMAM.

A, A, A, MINHA ABELHINHA.
A, A, A, MINHA ABELHINHA.
AI, QUE BOM SERIA SE TU FOSSES MINHA.
AI, QUE BOM SERIA SE TU FOSSES MINHA.

E, E, E, MINHA ESCOVINHA.
E, E, E, MINHA ESCOVINHA.
QUEM TE PÔS A MÃO SABENDO QUE ÉS MINHA.
QUEM TE PÔS A MÃO SABENDO QUE ÉS MINHA.

I, I, I, ÍNDIO JÁ CHEGOU.
I, I, I, ÍNDIO JÁ CHEGOU.
E CORRENDO PRO BOSQUE SE MANDOU.
E CORRENDO PRO BOSQUE SE MANDOU.

Ilustrações: Alexandre Matos/ Arquivo da editora

O, O, O, ÓCULOS DA VOVÓ.
O, O, O, ÓCULOS DA VOVÓ.
TODOS QUEBRADINHOS COM UMA PERNA SÓ.
TODOS QUEBRADINHOS COM UMA PERNA SÓ.

U, U, U, SEU URUBU.
U, U, U, SEU URUBU.
QUE VIVE BRIGANDO COM O SEU PERU.
QUE VIVE BRIGANDO COM O SEU PERU.

CANTIGA POPULAR

DATA: _____ /_____ /_____

A TURMA CONTINUA LENDO E APRENDENDO. VAMOS LER TAMBÉM?

ALGAZARRA DAS ARARAS:
O A ANUNCIA
QUE AMANHECE
NA AMAZÔNIA.

UMA LETRA PUXA A OUTRA, DE JOSÉ PAULO PAES.
SÃO PAULO: COMPANHIA DAS LETRINHAS, 1992.

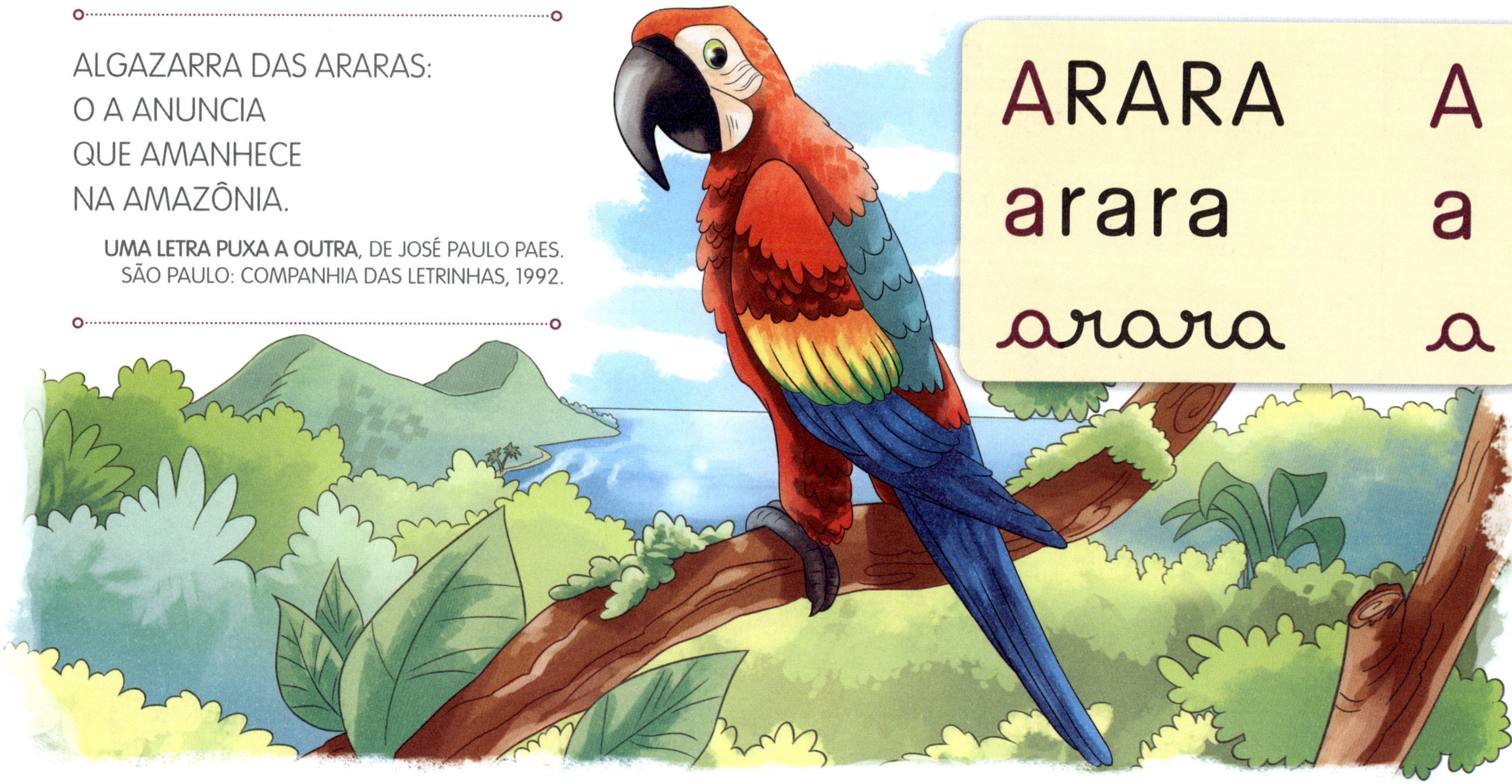

ARARA	A
arara	a
arara	a

Ilustra Cartoon/Arquivo da editora

COPIE A LETRA **A** MAIÚSCULA E MINÚSCULA NOS QUADROS ABAIXO.

A

a

DATA: ____ /____ /____

A TURMA RIU MUITO COM O QUE LEU HOJE. SERÁ QUE VOCÊ TAMBÉM VAI RIR?

EMERGÊNCIA! EMERGÊNCIA!
O ELEFANTE ENTROU NO ELEVADOR DO EDIFÍCIO!

UMA LETRA PUXA A OUTRA, DE JOSÉ PAULO PAES.
SÃO PAULO: COMPANHIA DAS LETRINHAS, 1992.

ELEFANTE E
elefante e
elefante e

Ilustra Cartoon/Arquivo da editora

COPIE A LETRA **E** MAIÚSCULA E MINÚSCULA NOS QUADROS ABAIXO.

E

e

DATA: _____ /_____ /_____

PINTE AS LETRAS **I** DO POEMA.

Se você gosta do I
Aprenda o idioma dos índios
E diga depressa: igara,
inúbia, Itaquaquecetuba.

UMA LETRA PUXA A OUTRA, DE JOSÉ PAULO PAES. SÃO PAULO: COMPANHIA DAS LETRINHAS, 1992.

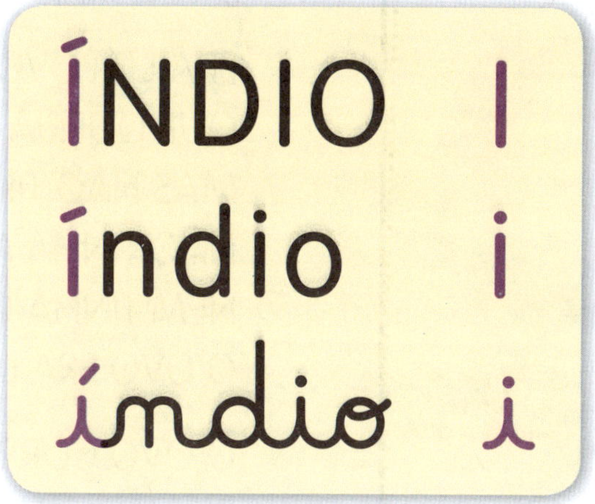

Ilustra Cartoon/Arquivo da editora

COPIE A LETRA **I** MAIÚSCULA E MINÚSCULA NOS QUADROS ABAIXO.

I

i

DATA: ____ /____ /____

ACOMPANHE A LEITURA DOS VERSOS A SEGUIR.

ERA UM OVO TEIMOSO
QUE QUERIA FICAR EM PÉ...
MAS NÃO TINHA PERNA,
NÃO TINHA MÃO,
NEM TINHA OMBRO...
O OVO ERA UM ASSOMBRO!

O OVO CORRIA, ROLAVA,
PULAVA E MEXIA...
ATÉ QUE UM DIA... ELE LEVOU UM TOMBO...
ELE CAIU E QUEBROU...
E DE DENTRO DO OVO
SAIU UM PINTO!
[...]

ERA UMA VEZ UM OVO, DE MARCO CARVALHO. RIO DE JANEIRO: ZIT, 2008.

OVO O
ovo o
ovo o

COPIE A LETRA **O** MAIÚSCULA E MINÚSCULA NOS QUADROS ABAIXO.

O	*o*

DATA: _____ /_____ /_____

ACOMPANHE A LEITURA DO PROFESSOR E CIRCULE A PALAVRA URSO.

TEM **U** NO **URSO**, NA **UNHA**
E NA **UVA** SABOROSA.
TAMBÉM TEM **U** NA **URUTU**,
UMA COBRA VENENOSA.

TURMA DA MÔNICA E O ABC, DE MAURICIO DE SOUSA E MAURA SILVA. SÃO PAULO: MELHORAMENTOS.

URSO	U
urso	u
urso	u

Ilustra Cartoon/Arquivo da editora

COPIE A LETRA **U** MAIÚSCULA E MINÚSCULA NOS QUADROS ABAIXO.

U	u

LEIA NOVAMENTE AS LETRAS QUE VOCÊ APRENDEU.
LIGUE CADA LETRA À FIGURA CORRESPONDENTE.

a e i o u

homydesign/Shutterstock/Glow Images

Georgios Kollidas/ Shutterstock/ Glow Images

Valentyn Volkov/ Shutterstock/Glow Images

Pan Xunbin/Shutterstock/ Glow Images

Eric Isselee /Shutterstock/Glow Images

DATA: _____ /_____ /_____

ORGANIZE AS CARTAS PARA ESCREVER O NOME DAS FIGURAS.

nikolarisim/Shutterstock/Glow Images

VO ÁR RE

La Gorda/Shutterstock/Glow Images

VA ES CO

Teguh Mujiono/Shutterstock/Glow Images

ES LA CO

FAZENDO ARTE

NO QUADRO DE HENRI MATISSE HÁ FORMAS QUE LEMBRAM AS VOGAIS. VOCÊ CONSEGUE DESCOBRIR QUAIS SÃO?

Museu Hermitage, São Petersburgo, Rússia.

A MESA DE JANTAR VERMELHA, DE HENRI MATISSE, 1908.

DATA: _____ /_____ /_____

VEJA O QUE ANDRÉ FEZ COM A PRIMEIRA LETRA DO NOME DELE. AGORA É A SUA VEZ DE FAZER ARTE COM A PRIMEIRA LETRA DO SEU NOME.

EDHAR/Shutterstock/Glow Images

DATA: _____ /_____ /_____

ENCONTRE EM JORNAIS PALAVRAS QUE COMEÇAM COM AS VOGAIS A SEGUIR. RECORTE E COLE-AS NO QUADRO CORRESPONDENTE.

A

E

I

O

U

COMPLETE AS PALAVRAS DA HISTÓRIA COM AS LETRAS DO QUADRO.

a	e	i	o	u

Ana ama ver as b___rboletas coloridas.

No jardim de sua c___sa, elas são sempre bem-vindas.

Seu ___rmão, ___lisses, deu n___mes a três delas:

Isab___la, bonitinha, de asa amar___la,

Elisa, pequenina, que parece bailarina.

E ___lívia, vermelhinha, que é bem engraçadinha.

Ilustrações: Ilustra Cartoon/Arquivo da editora

DATA: ____ /____ /____

VOCÊ JÁ REPAROU QUE ALGUMAS PALAVRAS SÃO FORMADAS APENAS POR VOGAIS? ESCREVA AS PALAVRAS NAS CENAS ADEQUADAS.

AI AU EU OI

Ilustrações: Ilustra Cartoon/Arquivo da editora

DATA: ______ /______ /______

VEJA AS CRIANÇAS ABAIXO. O QUE ELAS ESTÃO FAZENDO?
LIGUE CADA PALAVRA À FIGURA CORRESPONDENTE.

EU	UI	IOIÔ

Ilustrações: Ilustra Cartoon/Arquivo da editora

DATA: _____ /_____ /_____

ACOMPANHE A LEITURA DO POEMA E PINTE AS PALAVRAS QUE RIMAM.

DESCE DA NUVEM
IMENSO DRAGÃO.
AO TOCAR O CHÃO,
TRANSFORMA-SE
EM PEQUENO
CAMALEÃO.

ALFABETÁRIO, DE JOSÉ DE NICOLA.
SÃO PAULO: MODERNA, 2002.

Ilustrações: Ilustra Cartoon/Arquivo da editora

COMPLETE AS PALAVRAS COM AS LETRAS QUE ESTÃO FALTANDO.

drag______

camale______

HORA DA HISTÓRIA

DEIXA EU VER A SUA LÍNGUA

ACOMPANHE A LEITURA DA HISTÓRIA EM QUADRINHOS.

Mauricio de Sousa Produções Ltda.

DATA: _____ /_____ /_____

ALMANAQUE HISTORINHAS DE UMA PÁGINA DA TURMA DA MÔNICA,
DE MAURICIO DE SOUSA: SÃO PAULO: PANINI COMICS.

MARCHA CRIANÇA

EDUCAÇÃO INFANTIL

3

ALMANAQUE DAS LETRAS

LINGUAGEM

editora scipione

MARCHA CRIANÇA

EDUCAÇÃO INFANTIL

3

ALMANAQUE DAS LETRAS

LINGUAGEM

editora scipione

editora scipione

Diretoria de conteúdo e inovação pedagógica
Mário Ghio Júnior
Diretoria editorial
Lidiane Vivaldini Olo
Gerência editorial
Luiz Tonolli
Editoria de Anos Iniciais
Tatiany Telles Renó
Edição
Tatiany Telles Renó
Arte
Ricardo de Gan Braga (superv.),
Andréa Dellamagna (coord. de criação),
Gláucia Correa Koller (progr. visual de capa e miolo),
Elen Coppini Camioto (editora de arte) e
Christine Getschko (assist. de arte)
Revisão
Hélia de Jesus Gonsaga (ger.),
Rosângela Muricy (coord.), Heloísa Schiavo (prep.),
Gabriela Macedo de Andrade, Luís Maurício Boa Nova,
Vanessa de Paula Santos e Brenda Morais (estag.)
Iconografia
Sílvio Kligin (superv.), Tamires Reis Castillo (pesquisa),
César Wolf e Fernanda Crevin (tratamento de imagem)
Foto de capa
HandMadeFont.com/Shutterstock/Glow Images

Direitos desta edição cedidos à Editora Scipione S.A.
Avenida das Nações Unidas, 7221, 3º andar, Setor D
Pinheiros – São Paulo – SP – CEP 05425-902
Tel.: 4003-3061
www.scipione.com.br / atendimento@scipione.com.br

2023

ISBN 978 85 262 9620 6 (AL)
ISBN 978 85 262 9619 0 (PR)
Cód. da obra CL 738969
CAE 541 667 (AL) / 541 649 (PR)

5ª edição
10ª impressão

Impressão e acabamento
Vox Gráfica

Dados Internacionais de Catalogação na Publicação (CIP)
(Câmara Brasileira do Livro, SP, Brasil)

Marsico, Maria Teresa
Marcha criança : educação infantil : linguagem / Maria Teresa Marsico, Armando Coelho de Carvalho Neto. – – 5. ed. – – São Paulo : Scipione, 2015. – – (Coleção marcha criança)

Obra em 3 v.

1. Educação infantil 2. Linguagem (Educação infantil) I. Carvalho Neto, Armando Coelho de. II. Título. III. Série.

15-02803 CDD-372.21

Índice para catálogo sistemático:

1. Linguagem : Educação infantil 372.21

SUMÁRIO

NESTA PÁGINA E NAS DUAS SEGUINTES, COMPLETE AS PALAVRAS COM AS LETRAS DO ALFABETO.

a

Pan Xunbin/Shutterstock/Glow Images

____belha

b

SUJIN SAENSING/Shutterstock/Glow Images

____ola

c

Abramova Kseniya/Shutterstock/Glow Images

____avalo

d

Planner/Shutterstock/Glow Images

____ado

e

gualtiero boffi/Shutterstock/Glow Images

____lefante

f

Kjetil Kolbjornsrud/Shutterstock/Glow Images

____eijão

g

Ermolaev Alexander/Shutterstock/Glow Images

____ato

h

kurtcan/Shutterstock/Glow Images

____elicóptero

i

Mike Flippo/Shutterstock/Glow Images

___oiô

j

nattanan726/Shutterstock/Glow Images

___acaré

k

Steve Cukrov/Shutterstock/Glow Images

___etchup

l

Andrey Shtanko/Shutterstock/Glow Images

___aranja

m

Valentina Razumova/Shutterstock/Glow Images

___açã

n

Kostyantyn Ivanyshen/Shutterstock/Glow Images

___avio

o

rangizzz/Shutterstock/Glow Images

___vo

p

Aksenova Natalya/Shutterstock/Glow Images

___ato

q

Jiri Hera/Shutterstock/Glow Images

___ueijo

DATA: _____ /_____ /_____

r

Carlos Caetano/Shutterstock/Glow Images

___elógio

s

Michiel de Wit/Shutterstock/Glow Images

___apo

t

Vereshchagin Dmitry/Shutterstock/Glow Images

___atu

u

Tischenko Irina/Shutterstock/Glow Images

___va

v

Eric Isselee/Shutterstock/Glow Images

___aca

w

Volodymyr Krasyuk/Shutterstock/Glow Images

___ebcam

x

Bespaliy/Shutterstock/Glow Images

___ícara

y

bonchan/Shutterstock/Glow Images

___akisoba

z

Patryk Kosmider/Shutterstock/Glow Images

___ebra

DATA: _____ /_____ /_____

SÍLABAS BA, BE, BI, BO, BU

ESCREVA AS SÍLABAS.

BALÃO
balão
balão

Tanarch/Shutterstock/Glow Images

Ba Be Bi Bo Bu

ba be bi bo bu

DATA: _____ /_____ /_____

CONTINUE ESCREVENDO AS SÍLABAS.

Viktoriia Bondarenko/Shutterstock/Glow Images

CAVALO
cavalo
cavalo

Ca *Co* *Cu*

ca *co* *cu*

DATA: ____ /____ /____

CONTINUE ESCREVENDO AS SÍLABAS.

CENOURA
cenoura
cenoura

galichstudio/Shutterstock/Glow Images

Ce Ci

ce ci

DATA: ____ /____ /____

SÍLABAS DA, DE, DI, DO, DU

CONTINUE ESCREVENDO AS SÍLABAS.

Valery121283/Shutterstock/Glow Images

DAMASCO
damasco
damasco

Da De Di Do Du

da de di do du

SÍLABAS FA, FE, FI, FO, FU

CONTINUE ESCREVENDO AS SÍLABAS.

FAMÍLIA
família
família

Rawpixel/Shutterstock/Glow Images

Fa Fe Fi Fo Fu

fa fe fi fo fu

DATA: _____ /_____ /_____

CONTINUE ESCREVENDO AS SÍLABAS.

The Len/Shutterstock/Glow Images

GALINHA
galinha
galinha

ga go gu

ga go gu

CONTINUE ESCREVENDO AS SÍLABAS.

GELADEIRA
geladeira
geladeira

Customdesigner/Shutterstock/Glow Images

Ge Gi

ge gi

DATA: _____ /_____ /_____

CONTINUE ESCREVENDO AS SÍLABAS.

Natali Glado/Shutterstock/Glow Images

HELICÓPTERO
helicóptero
helicóptero

Ha He Hi Ho Hu

ha he hi ho hu

DATA: _____ /_____ /_____

SÍLABAS JA, JE, JI, JO, JU

CONTINUE ESCREVENDO AS SÍLABAS.

JANELA
janela
janela

GO BANANAS DESIGN STUDIO/Shutterstock/Glow Images

Ja Je Ji Jo Ju

ja je ji jo ju

DATA: _____ /_____ /_____

SÍLABAS LA, LE, LI, LO, LU

CONTINUE ESCREVENDO AS SÍLABAS.

Maks Narodenko/ Shutterstock/Glow Images

LARANJA
laranja
laranja

la *le* *li* *lo* *lu*

la *le* *li* *lo* *lu*

DATA: _____ /_____ /_____

CONTINUE ESCREVENDO AS SÍLABAS.

MELÃO
melão
melão

Viktar Malyshchyts/Shutterstock/Glow Images

Ma Me Mi Mo Mu

ma me mi mo mu

DATA: _____ /_____ /_____

CONTINUE ESCREVENDO AS SÍLABAS.

Vishnevskiy Vasily/Shutterstock/Glow Images

NINHO
ninho
ninho

Na Ne Ni No Nu

na ne ni no nu

DATA: ____ /____ /____

CONTINUE ESCREVENDO AS SÍLABAS.

PANELA
panela
panela

Tatiana Popova/Shutterstock/Glow Images

Pa Pe Pi Po Pu

pa pe pi po pu

DATA: _____ /_____ /_____

CONTINUE ESCREVENDO AS SÍLABAS.

Bruno Ismael Silva Alves/Shutterstock/Glow Images

ROBÔ
robô
robô

Ra Re Ri Ro Ru

ra re ri ro ru

DATA: ____ /____ /____

CONTINUE ESCREVENDO AS SÍLABAS.

SUCO

suco

suco

33333/Shutterstock/Glow Images

sa se si so su

sa se si so su

DATA: _____ /_____ /_____

SÍLABAS TA, TE, TI, TO, TU

CONTINUE ESCREVENDO AS SÍLABAS.

3Ekaterina V. Borisova/Shutterstock/Glow Images

TUCANO
tucano
tucano

Ta Te Ti To Tu

ta te ti to tu

DATA: _____ /_____ /_____

CONTINUE ESCREVENDO AS SÍLABAS.

VIOLÃO

violão

violão

AlexMaster/Shutterstock/Glow Images

Va Ve Vi Vo Vu

va ve vi vo vu

DATA: _____ /_____ /_____

SÍLABAS XA, XE, XI, XO, XU

CONTINUE ESCREVENDO AS SÍLABAS.

Mikhail Rulkov/Shutterstock/Glow Images

CAIXA
caixa
caixa

Xa Xe Xi Xo Xu

xa xe xi xo xu

DATA: _____ /_____ /_____

SÍLABAS ZA, ZE, ZI, ZO, ZU

CONTINUE ESCREVENDO AS SÍLABAS.

bhathaway/Shutterstock/Glow Images

za ze zi zo zu

za ze zi zo zu

DATA: _____ /_____ /_____

MARCHA CRIANÇA
EDUCAÇÃO INFANTIL

editora scipione

UNIDADE 2

O JOGO MÁGICO DA ESCRITA

Juan Carlos Federico/Arquivo da editora

RODA DE CONVERSA

A TURMA HOJE VAI FORMAR NOVAS PALAVRAS COM O JOGO QUE A PROFESSORA PREPAROU.

Ilustra Cartoon/Arquivo da editora

SE VOCÊ FOSSE PARTICIPAR DESSA BRINCADEIRA, QUAIS LETRAS ESCOLHERIA PARA FORMAR O SEU NOME?

DATA: _____ /_____ /_____

BRINCANDO E APRENDENDO COM AS SÍLABAS

BIA ADORA JOGAR BOLA COM OS AMIGOS.
VOCÊ TAMBÉM GOSTA? QUAL É SUA BRINCADEIRA PREFERIDA?

Ilustra Cartoon/Arquivo da editora

BOLA	BO
bola	bo
bola	*bo*

AGORA VEJA A CAPA DO LIVRO ABAIXO E CUBRA OS PONTILHADOS PARA COMPLETAR O TÍTULO.

Reprodução/Editora Scipione

Bibi come de tudo

COMPLETE AS PALAVRAS COM AS SÍLABAS QUE FALTAM.

MorganStudio/Shutterstock/Glow Images

______meca

TAGSTOCK1/Shutterstock/Glow Images

______leia

pio3/Shutterstock/Glow Images

______cicleta

Ramon Antinolo/Shutterstock/Glow Images

______le

MNStudio/Shutterstock/Glow Images

______bê

DATA: _____ /_____ /_____

USE AS SÍLABAS DO QUADRO PARA FORMAR PALAVRAS.
DICA: VOCÊ PODE USAR A MESMA SÍLABA MAIS DE UMA VEZ.

BO	TA	LO

Ilustrações: Ilustra Cartoon/Arquivo da editora

DESENHE UM ANIMAL QUE TENHA A LETRA **B** NO NOME.

DATA: ____ /____ /____

QUE BICHO É ESTE? COMPLETE O DESENHO E O POEMA PARA DESCOBRIR.

O ________RACOL TEVE SORTE.
NÃO GASTOU TEMPO E DINHEIRO.
NASCEU COM A CASA NAS COSTAS
E MORA NO MUNDO INTEIRO.

CASINHAS DE BICHOS, DE HARDY GUEDES ALCOFORADO FILHO. SÃO PAULO: SCIPIONE, 2007.

CARACOL	CA
caracol	ca
caracol	*ca*

Ilustra Cartoon/Arquivo da editora

VEJA AGORA OUTRO BICHO QUE TEM **CA** NO NOME.

Kasza/Shutterstock/Glow Images

CAMALEÃO

DATA: _____ /_____ /_____

VAMOS FORMAR PALAVRAS?
ESCREVA AS SÍLABAS QUE ESTÃO FALTANDO.

Lucie Lang/Shutterstock/Glow Images

xí_____ra

Vladimir Nenezic/Shutterstock/Glow Images

es_____rregador

Khvost/Shutterstock/Glow Images

_____eca

panda3800/Shutterstock/Glow Images

_____co

Olga Popova/Shutterstock/Glow Images

_____bide

cenkaysahinalp73/Getty Images

cuí_____

DATA: _____ /_____ /_____

PESQUISE EM JORNAIS E REVISTAS FIGURAS DE ANIMAIS QUE TENHAM O NOME INICIADO POR **CA**, **CO** OU **CU**. COLE-AS AQUI.

DATA: _____ /_____ /_____

O TEMA É...

ANDAR COM CONSCIÊNCIA!

COMO VOCÊ FAZ PARA IR À ESCOLA? MARQUE COM UM **X**.

☐ VOU A PÉ.

☐ VOU DE CARRO.

☐ USO TRANSPORTE ESCOLAR.

Ilustrações: Ilustra Cartoon/Arquivo da editora

DATA: _____ /_____ /_____

PERCORRA A TRILHA PARA VER COMO FOI O TRAJETO DE LUCIANA ATÉ A ESCOLA. O QUE ELA VIU PELO CAMINHO? DISCUTA CADA CENA COM OS COLEGAS.

Ilustra Cartoon/Arquivo da editora

DATA: _____ /_____ /_____

COM O PROFESSOR E OS COLEGAS, LEIA A QUADRINHA.

JOGUEI UM DADO PRO ALTO,
APAREI NA MINHA MÃO.
COMO O DADO É DE PALAVRAS,
TIREI A PALAVRA CORAÇÃO.

DADO	DA
dado	da
dado	da

Alexandre Matos/Arquivo da editora

AGORA ORGANIZE OS DADOS PARA ESCREVER AS PALAVRAS.

CA LA DE

CA DI

DO DE

COMPLETE AS PALAVRAS COM AS SÍLABAS **DA**, **DE**, **DI**, **DO** E **DU**.

Atelier Sommerland/Shutterstock/Glow Images

fa_____

DibasUA/Shutterstock/Glow Images

bo_____

dariazu/Shutterstock/Glow Images

_____ende

Africa Studio/Shutterstock/Glow Images

_____ce

Atiketta Sangasaeng/Shutterstock/Glow Images

_____amante

DATA: _____ /_____ /_____

ESCOLHA A PALAVRA ADEQUADA PARA COMPLETAR AS FRASES.

DINOSSAUROS DANÇAR

Ilustrações: Ilustra Cartoon/Arquivo da editora

DANIELA GOSTA DE ______________________

______________________________________.

DANILO GOSTA DE ______________________

______________________________________.

DATA: _____ /_____ /_____

PESQUISE EM JORNAIS E REVISTAS PALAVRAS COM AS SÍLABAS DO QUADRO. RECORTE-AS E COLE-AS NO ESPAÇO ABAIXO.

BA	BE	BI	BO	BU	CA	CO	CU	DA	DE	DI	DO	DU

DATA: _____ /_____ /_____

HORA DE BRINCAR

A TURMA TODA ESTÁ PARTICIPANDO DE UMA BRINCADEIRA MUITO DIVERTIDA. LIGUE AS CENAS À PARTE DO CORPO QUE AS CRIANÇAS ESTÃO USANDO MAIS.

Ilustrações: Ilustra Cartoon/Arquivo da editora

MÃOS

PÉS

BRAÇOS

DATA: _____ /_____ /_____

AS CRIANÇAS CONTINUARAM A BRINCADEIRA USANDO TECIDOS. VAMOS BRINCAR TAMBÉM? TENTE PEGAR O TECIDO COM OS PÉS:

Ilustrações: Ilustra Cartoon/Arquivo da editora

AGORA TENTE PEGAR O TECIDO COM AS MÃOS, SEM USAR O POLEGAR:

DATA: _____ /_____ /_____

FÁBIO ESTÁ COM SUA AVÓ. O QUE VOCÊ ACHA QUE ELES VÃO FAZER?

Ilustra Cartoon/
Arquivo da editora

FADA	FA
fada	fa
fada	fa

VOCÊ CONHECE ALGUM CONTO DE FADAS?
CONTE-O PARA SEUS COLEGAS E FAÇA UM DESENHO PARA REPRESENTÁ-LO.

DATA: _____ /_____ /_____

ENCONTRE OS OBJETOS QUE NÃO FAZEM PARTE DA CENA.

Ilustra Cartoon/Arquivo da editora

AGORA COMPLETE AS PALAVRAS.

____GÃO   ____CA   AL____CE   GIRA____

DATA: ____ /____ /____

COMPLETE AS PALAVRAS COM **FA**, **FE**, **FI**, **FO** E **FU**.

Monkey Business Images/Shutterstock/Glow Images

_______ mília

Brocreative/Shutterstock/Glow Images

_______ lipe

Dustin Dennis/Shutterstock/Glow Images

_______ tas

Fer Gregory/Shutterstock/Glow Images

_______ guete

Rawpixel/Shutterstock/Glow Images

_______ tebol

DATA: _____ /_____ /_____

ESCREVA A PRIMEIRA SÍLABA DE CADA PALAVRA E DESCUBRA NOVOS NOMES.

fotohunter/Shutterstock/Glow Images

FOLHA

Antonio Gravante/Shutterstock/Glow Images

CADEADO

____

baibaz/Shutterstock/Glow Images

FARINHA

baibaz/Shutterstock/Glow Images

CASA

____

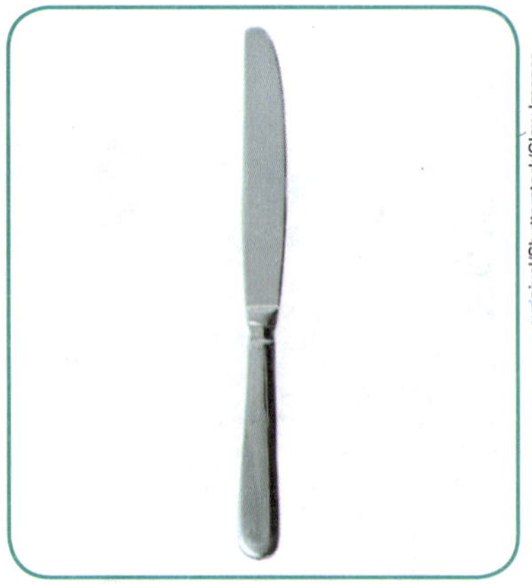

exopixel/Shutterstock/Glow Images

FACA

exopixel/Shutterstock/Glow Images

DADO

____

oriori/Shutterstock/Glow Images

FIGO

Ninell/Shutterstock/Glow Images

TAÇA

____

DATA: _____ /_____ /_____

ACOMPANHE A LEITURA DA ADIVINHA:

O QUE É, O QUE É?
O GAFANHOTO TEM NA FRENTE
E A FORMIGA CARREGA ATRÁS?

GAFANHOTO GA
gafanhoto ga
gafanhoto ga

Ilustra Cartoon/Arquivo da editora

DATA: _____ /_____ /_____

COMPLETE AS PALAVRAS COM **GA**, **GO** OU **GU**.

Filip Fuxa/Shutterstock/Glow Images

jo______

Sfocato/Shutterstock/Glow Images

______veta

Vitaly Korovin/Shutterstock/Glow Images

co______melo

Eric Isselee/Shutterstock/Glow Images

______to

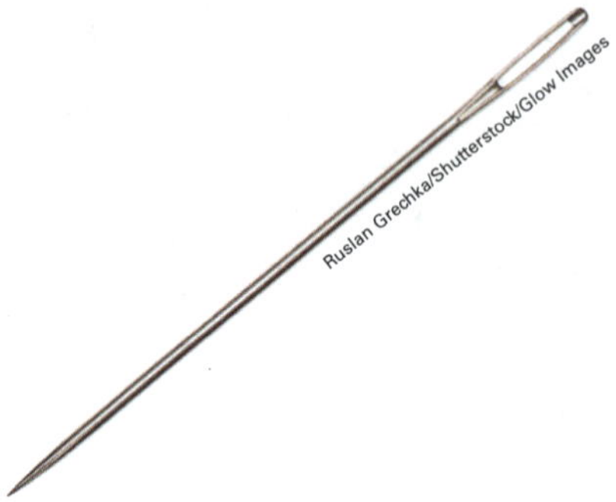

Ruslan Grechka/Shutterstock/Glow Images

a______lha

Roman Samokhin/Shutterstock/Glow Images

______rila

DATA: _____ /_____ /_____

JUNTE AS SÍLABAS DAS FIGURAS IGUAIS PARA FORMAR PALAVRAS.

GOI

A

DE

GO

FO

BI

GÃO

BA

________________ ________________ ________________

DATA: _____ /_____ /_____

SIGA OS SÍMBOLOS PARA DESCOBRIR AS MENSAGENS SECRETAS.

✣	♥	✿	✪	❢	❖	✖	▲	❍	❄
GA	GU	BRI	NHOU	UMA	EL	A	GOI	DE	BA

♥✣ ✣✪ ❢ ▲✖❄ ❍ ✣✿❖

_____ _____ _____ _____ _____ _____.

☼	♥	💧	◈	☸	⌘	✧	◆	◉
GA	MUI	TOS	TA	TO	DE	GUS	VO	GOS

✧◈◆ ◉◈ ♥☸ ⌘ ☼💧

_____ _____ _____ _____ _____.

DATA: _____ /_____ /_____

FAZENDO ARTE

VINCENT VAN GOGH GOSTAVA DE FAZER PINTURAS DE FLORES. SUAS OBRAS COM GIRASSÓIS SÃO MUITO APRECIADAS.

Reprodução/Coleção particular, EUA.

VASO COM TRÊS GIRASSÓIS, DE VINCENT VAN GOGH, 1888.

Museu Van Gogh, Amsterdã, Holanda.

VASO COM DOZE GIRASSÓIS, DE VINCENT VAN GOGH, 1889.

Galeria Nacional, Londres, Inglaterra.

VASO COM QUINZE GIRASSÓIS, DE VINCENT VAN GOGH, 1889.

DATA: _____ /_____ /_____

QUE TAL FAZER UM GIRASSOL?

GIRASSOL

MATERIAL NECESSÁRIO:

- PAPEL CREPOM AMARELO
- PEDAÇO DE PAPELÃO CORTADO EM CÍRCULO
- PALITO DE SORVETE
- TINTA VERDE

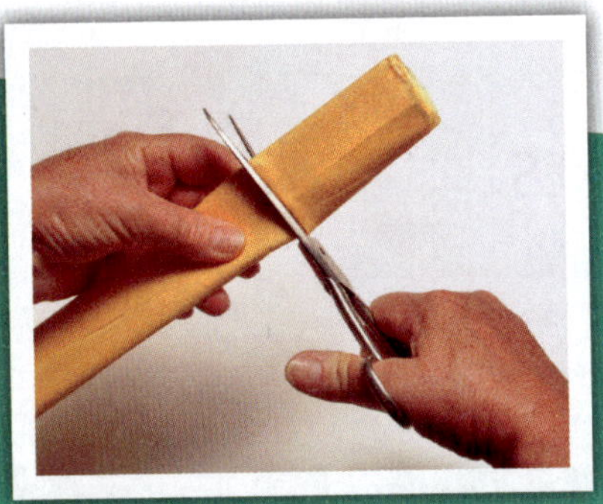

COM A AJUDA DE UM ADULTO, CORTE A PONTA DO PAPEL CREPOM.

DOBRE TODA A TIRA DE PAPEL, COMO SE FIZESSE UM LEQUE.

COLE O PAPEL AMARELO AO REDOR DO CÍRCULO DE PAPELÃO E DEIXE SECANDO.

Fotos: Eduardo Santaliestra/Arquivo da editora

PINTE O PALITO DE VERDE. QUANDO SECAR, COLE-O NA PARTE DE TRÁS DO PAPELÃO.

PRONTO! VOCÊ TEM UM LINDO GIRASSOL. QUE TAL FAZER UM BUQUÊ COM AS FLORES DOS SEUS COLEGAS?

DATA: ____ /____ /____

ACOMPANHE A LEITURA DOS VERSOS A SEGUIR:

O HIPOPÓTAMO NO RIO
FICA SEMPRE MERGULHANDO,
A PEGAR PLANTAS DO FUNDO,
SÓ À NOITE SAI ANDANDO.

DO AVESTRUZ A ZEBRA, DE MAITI FRANK CARRIL.
SÃO PAULO: ÁTICA, 2010.

HIPOPÓTAMO HI
hipopótamo hi
hipopótamo hi

Ilustra Cartoon/Arquivo da editora

ORDENE AS SÍLABAS PARA FORMAR AS PALAVRAS.

Anan Kaewkhammul/Shutterstock/Glow Images

PO	PÓ	HI	TA	MO

____

desertfox99/Shutterstock/Glow Images

CE	HÉ	LI

____

COMPLETE AS PALAVRAS COM **HA**, **HE**, **HI**, **HO** E **HU**. DEPOIS, LIGUE-AS ÀS RESPECTIVAS FIGURAS.

stockphoto mania/Shutterstock/Glow Images

ImageryMajestic/Shutterstock/Glow Images

Aaron Amat/Shutterstock/Glow Images

______licóptero

______ra

______bitação

______ena

______go

Pixel Embargo/Shutterstock/Glow Images

photosync/Shutterstock/Glow Images

VOCÊ GOSTA DE FRUTAS? CONHECE ESTA?

A JACA É UMA FRUTA ENORME. ALGUMAS CHEGAM A PESAR 15 QUILOS. NASCE NO TRONCO E NOS GALHOS MAIS ALTOS DA JAQUEIRA. A FRUTA É FORMADA POR GOMOS VISCOSOS E DOCES QUE ENVOLVEM CAROÇOS.

Ilustra Cartoon/Arquivo da editora

JACA	JA
jaca	ja
jaca	*ja*

AGORA SIGA OS SÍMBOLOS E DESCUBRA O NOME DE OUTRA FRUTA QUE COMEÇA COM **JA**.

☼	✿	♥	☸	💧	★	✧
J	A	I	T	B	U	C

☼ ✿ 💧 ★ ☸ ♥ ✧ ✿ 💧 ✿

____

DATA: _____ /_____ /_____

CIRCULE AS PALAVRAS ESCRITAS COM **JA**, **JE**, **JI**, **JO** OU **JU**.

HOJE CASA JACARÉ CAJU GOMA JIBOIA COCADA JOGO DADO

ESCREVA NA FICHA CORRESPONDENTE AS PALAVRAS QUE VOCÊ CIRCULOU.

JA

JE

JI

JO

JU

DATA: ____ /____ /____

DIGA O NOME DE CADA FIGURA. PINTE SÓ AS SÍLABAS QUE FORMAM ESSE NOME E ESCREVA-O.

ca ji ti pe

____

co po ru ja

____

pi vo ja ce ma

____

vo ti jo fi lo

____

he ja ca gue ré

____

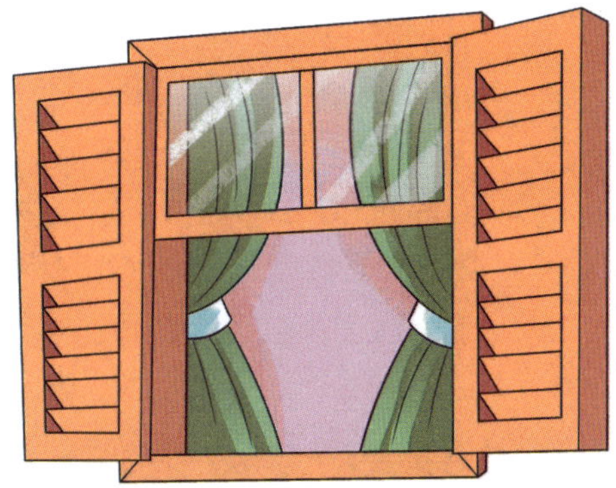

lu ja ne te la

____

Ilustrações: Ilustra Cartoon/Arquivo da editora

DATA: _____ /_____ /_____

VAMOS CONTAR UMA HISTÓRIA?
OBSERVE A IMAGEM E INVENTE UMA HISTÓRIA COM SEUS COLEGAS.

Ilustra Cartoon/Arquivo da editora

LAGO	LA
lago	la
lago	*la*

AGORA ESCREVA A PRIMEIRA SÍLABA DAS FRUTAS ABAIXO:

Maks Narodenko/Shutterstock/Glow Images

Valentyn Volkov/Shutterstock/Glow Images

PINTE AS FIGURAS IGUAIS COM A MESMA COR.
DEPOIS, JUNTE AS SÍLABAS QUE VOCÊ PINTOU DA MESMA COR PARA FORMAR PALAVRAS.

O

VRO

LEI

LA

A

BA

GAI

LI

_______________ _______________ _______________

DATA: _____ /_____ /_____

ACOMPANHE A LEITURA DOS VERSOS A SEGUIR.

NADA FICA NO LUGAR
QUANDO O MACACO ESTÁ POR PERTO.
MEXE COM TUDO E COM TODOS
DEUS DO CÉU! QUE BICHO ESPERTO.

RIMA DOS BICHOS, DE FLÁVIO JOSÉ TEIXEIRA DE ALMEIDA. BELO HORIZONTE: LÊ.

MACACO	MA
macaco	ma
macaco	*ma*

Ilustra Cartoon/Arquivo da editora

ESCREVA OUTRAS PALAVRAS QUE COMEÇAM COM AS SÍLABAS DE **MACACO**.

MA	CA	CO

DATA: _____ /_____ /_____

HORA DA HISTÓRIA

O MACACO E O COELHO

ACOMPANHE A LEITURA DA HISTÓRIA ABAIXO.

UM MACACO E UM COELHO FIZERAM A COMBINAÇÃO DE UM MATAR AS BORBOLETAS E OUTRO MATAR AS COBRAS. LOGO DEPOIS O COELHO DORMIU. O MACACO VEIO E PUXOU-LHE AS ORELHAS.

— QUE É ISSO? — GRITOU O COELHO, ACORDANDO DUM PULO.

O MACACO DEU UMA RISADA.

— AH, AH! PENSEI QUE FOSSEM DUAS BORBOLETAS...

O COELHO DANOU COM A BRINCADEIRA E DISSE LÁ CONSIGO: "ESPERE QUE TE CURO".

Ilustra Cartoon/Arquivo da editora

DATA: _____ /_____ /_____

LOGO DEPOIS O MACACO SE SENTOU NUMA PEDRA PARA COMER UMA BANANA. O COELHO VEIO POR TRÁS, COM UM PAU, E *LEPT!* — PREGOU-LHE UMA GRANDE PAULADA NO RABO.

O MACACO DEU UM BERRO, PULANDO PARA CIMA DUMA ÁRVORE, A GEMER.

— DESCULPE, AMIGO — DISSE LÁ DEBAIXO O COELHO. — VI AQUELE RABO TORCIDINHO EM CIMA DA PEDRA E PENSEI QUE FOSSE COBRA.

FOI DESDE AÍ QUE O COELHO, DE MEDO DO MACACO VINGAR-SE, PASSOU A MORAR EM BURACOS.

[...]

HISTÓRIAS DE TIA NASTÁCIA, DE MONTEIRO LOBATO. SÃO PAULO: BRASILIENSE, 2002.

Ilustra Cartoon/Arquivo da editora

DATA: _____ /_____ /_____

UNIDADE 3

E O JOGO DA ESCRITA CONTINUA

Juan Carlos Federico/Arquivo da editora

RODA DE CONVERSA

HOJE AS CRIANÇAS ESTÃO BRINCANDO DE FAZER MÍMICAS!

Ilustra Cartoon/Arquivo da editora

VOCÊ JÁ DESCOBRIU QUAL É A SÍLABA QUE FALTA?

DATA: _____ /_____ /_____

BRINCANDO E APRENDENDO COM OUTRAS SÍLABAS

VAMOS LER A QUADRINHA.

O NAVIO FOI EMBORA,
NAVEGANDO PELO MAR.
ESQUECEU DE MIM AGORA,
MAS DEPOIS VEM ME BUSCAR.

Ilustra Cartoon/Arquivo da editora

NAVIO	NA
navio	na
navio	*na*

LIGUE CADA FRASE À PALAVRA QUE A COMPLETA.

O NAVIO NAVEGA PELO

O AVIÃO VOA PELO

AR.

Pakhnyushchy/Shutterstock/Glow Images

MAR.

Iakov Kalinin/Shutterstock/Glow Images

DATA: ____ /____ /____

COMPLETE AS PALAVRAS COM AS SÍLABAS **NA**, **NE**, **NI**, **NO** E **NU**.

Ruth Peterkin/Shutterstock/Glow Images

_____vio

Philip Pilosian/Shutterstock/Glow Images

ca_____a

Masson/Shutterstock/Glow Images

ca_____ca

Samuel Borges Photography/Shutterstock/Glow Images

me_____na

vasabii/Shutterstock/Glow Images

_____vens

Lukas Gojda/Shutterstock/Glow Images

ba_____nas

TROQUE A PRIMEIRA SÍLABA DA PALAVRA **CA**NECA POR **BO**. QUE PALAVRA SURGIU?

DATA: _____ /_____ /_____

HORA DE BRINCAR

ESTE É UM NAVIO QUE, NAVEGANDO, NAVEGANDO, FAZ RIMA COM A CARGA QUE VAI LEVANDO.

Ilustra Cartoon/Arquivo da editora

BRINQUE COM OS COLEGAS DE "ESTE NAVIO ESTÁ LEVANDO..."

DATA: _____ /_____ /_____

PESQUISE EM JORNAIS E REVISTAS DUPLAS DE PALAVRAS QUE RIMAM E COLE-AS NA CARGA DO NAVIO.

Ilustra Cartoon/Arquivo da editora

LEIA COM OS COLEGAS.

O PIÃO

O PIÃO
NO CHÃO
NA PONTA DO PÉ
VELOZ
RODOPIA.

O PIÃO
BAILARINO
PRO OLHAR DO MENINO
É ENCANTO,
É MAGIA.

O BAILADO – PRIMEIROS MOVIMENTOS, DE HARDY GUEDES ALCOFORADO FILHO. SÃO PAULO: SCIPIONE, 2008.

PIÃO	PI
pião	pi
pião	*pi*

Ilustra Cartoon/Arquivo da editora

AGORA, VOLTE AO POEMA E CIRCULE UMA PALAVRA QUE RIMA COM **PIÃO**.

DATA: _____ /_____ /_____

ESCREVA A SÍLABA INICIAL DO NOME DE CADA FIGURA.

Zerbor/Shutterstock/Glow Images

_____TE

Igor Sokolov (breeze)/Shutterstock/Glow Images

_____TO

stable/Shutterstock/Glow Images

_____PA

Marcelo_Krelling/Shutterstock/Glow Images

_____DIM

ory Kallman/Shutterstock/Glow Images

_____RU

DATA: _____ /_____ /_____

COPIE AS FRASES, SUBSTITUINDO AS FIGURAS POR PALAVRAS.

Paula pediu  ao pipoqueiro.

Patrícia pediu um pedaço de  ao padeiro.

Ilustrações: Ilustra Cartoon/ Arquivo da editora

ORDENE AS SÍLABAS E LIGUE AS PALAVRAS ÀS IMAGENS CORRESPONDENTES.

TO | RU | LI | PI → ________

Tracy Starr/Shutterstock/Glow Images

PA | GAI | PA | O → ________

panbazil/Shutterstock/Glow Images

RI | QUI | TO | PE → ________

panbazil/Shutterstock/Glow Images

DATA: ____ /____ /____

AGORA AS SÍLABAS ESTÃO TODAS ESPALHADAS! JUNTE-AS PARA FORMAR PALAVRAS.

PO CA PI NE

DA FA

MA LA

JA PA CO

Ilustra Cartoon/ Arquivo da editora

______________________ ______________________

______________________ ______________________

______________________ ______________________

______________________ ______________________

______________________ ______________________

______________________ ______________________

______________________ ______________________

______________________ ______________________

______________________ ______________________

LEIA COM O PROFESSOR E OS COLEGAS.

O **R** É O RATO QUE RÓI
A ROUPA DO REI DA RÚSSIA
E RI DE RAIVA DA RAINHA
SEM RECEAR RATOEIRA.

UMA LETRA PUXA A OUTRA, DE JOSÉ PAULO PAES. SÃO PAULO: CIA. DAS LETRINHAS, 1992.

Alexandre Matos/Arquivo da editora

RATO	RA
rato	ra
rato	ra

COMPLETE AS PALAVRAS.

Eric Isselee/Shutterstock/Glow Images

_____POSA

fotoslaz/Shutterstock/Glow Images

_____DIO

Hurst Photo/Shutterstock/Glow Images

_____BIOLA

DATA: _____ /_____ /_____

CIRCULE O NOME DE CADA FIGURA.

pato
rato
mato

sede
leme
rede

rio
rico
fio

Ilustrações: Ilustra Cartoon/Arquivo da editora

bolo
robô
rolo

bula
rua
lua

ESCREVA NAS FICHAS AS PALAVRAS QUE VOCÊ CIRCULOU.

ra	re	ri	ro	ru
________	________	________	________	________

DATA: ____ /____ /____

CADA NÚMERO TEM SUA SÍLABA. TROQUE OS NÚMEROS PELAS SÍLABAS E FORME PALAVRAS.

1	2	3	4	5	6	7
RE	RO	RA	DE	LO	DA	MO

1 + 4 ➡ ______________________ 2 + 6 ➡ ______________________

1 + 7 ➡ ______________________ 3 + 5 ➡ ______________________

2 + 5 ➡ ______________________ 3 + 7 ➡ ______________________

COM O PROFESSOR, LEIA AS FRASES. DEPOIS, NUMERE CADA CENA DE ACORDO COM ELAS.

1 RUI DEU O RELÓGIO A SEU PAI. **2 O MÉDICO DEU REMÉDIO A RICARDO.**

Ilustrações: Ilustra Cartoon/Arquivo da editora

COM OS COLEGAS, CANTE A MÚSICA DO SAPO.

O SAPO NÃO LAVA O PÉ
NÃO LAVA PORQUE NÃO QUER
ELE MORA LÁ NA LAGOA
NÃO LAVA O PÉ
PORQUE NÃO QUER
MAS QUE CHULÉ!

CANTIGA POPULAR

SAPO	SA
sapo	sa
sapo	*sa*

Alexandre Matos/Arquivo da editora

NA LETRA DA CANTIGA, CIRCULE O NOME DE UM ANIMAL. DEPOIS, ESCREVA OUTROS NOMES QUE COMEÇAM COM A MESMA SÍLABA.

DATA: ____ /____ /____

JUNTE AS SÍLABAS E FORME PALAVRAS.

SA → COLA ____________________
SA → PATO ____________________

SO → FÁ ____________________
SO → NO ____________________

SE → TE ____________________
SE → LA ____________________

SU → CO ____________________
SU → BIU ____________________

SI → NO ____________________
SI → RI ____________________

Ilustrações: Ilustra Cartoon/Arquivo da editora

DATA: _____ /_____ /_____

LEIA O POEMA.

O SOL BRILHA SOBRE A SERRA,
E O MACAQUINHO SAGUI
ESTÁ CONTENTE POR VER
O SEU AMIGO SACI!

O SAPO ESTÁ SOBRE A PEDRA,
COMO SEMPRE, RINDO À TOA.
NA SACOLA DO SACI
SEMPRE TEM SURPRESA BOA!

TURMA DA MÔNICA E O ABC, DE MAURICIO DE SOUSA E YARA MAURA SILVA. SÃO PAULO: MELHORAMENTOS, 2008.

Ilustrações: Alexandre Matos/Arquivo da editora

QUEM O MACAQUINHO VIU PARA TER FICADO CONTENTE?

RESPONDA NO QUADRINHO.

PINTE A FIGURA QUE MOSTRA ONDE ESTAVA O SAPO.

DATA: _____ /_____ /_____

FAZENDO ARTE

RECORTE AS PEÇAS DO QUEBRA-CABEÇA E COLE-AS EM UMA FOLHA À PARTE. QUE PERSONAGEM APARECEU? ESCREVA NO QUADRO ABAIXO.

Ilustra Cartoon/Arquivo da editora

VAMOS BRINCAR COM A LETRA **T**?
COM O PROFESSOR E OS COLEGAS, LEIA O TEXTO.

TA, TE, TI, TO, TU.
CADÊ O TATU?
TÁ NA TABA OU
TÁ NA TOCA?
O TATU TÁ NA TOCAIA!

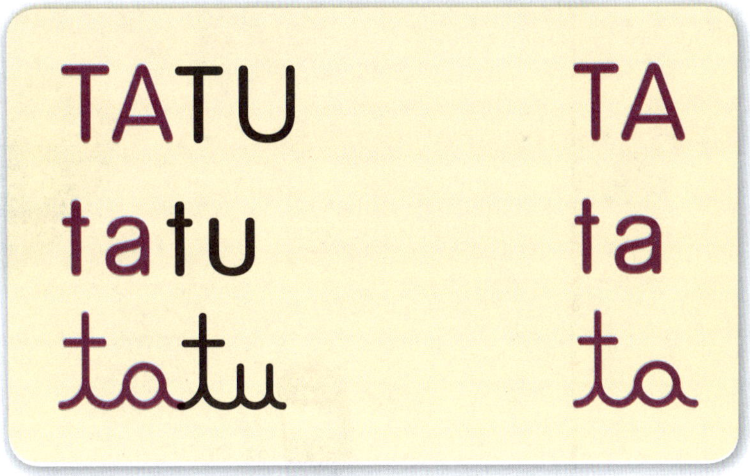

AGORA, PINTE OS ESPAÇOS QUE TÊM PONTINHO E DESCUBRA O ANIMAL ESCONDIDO.

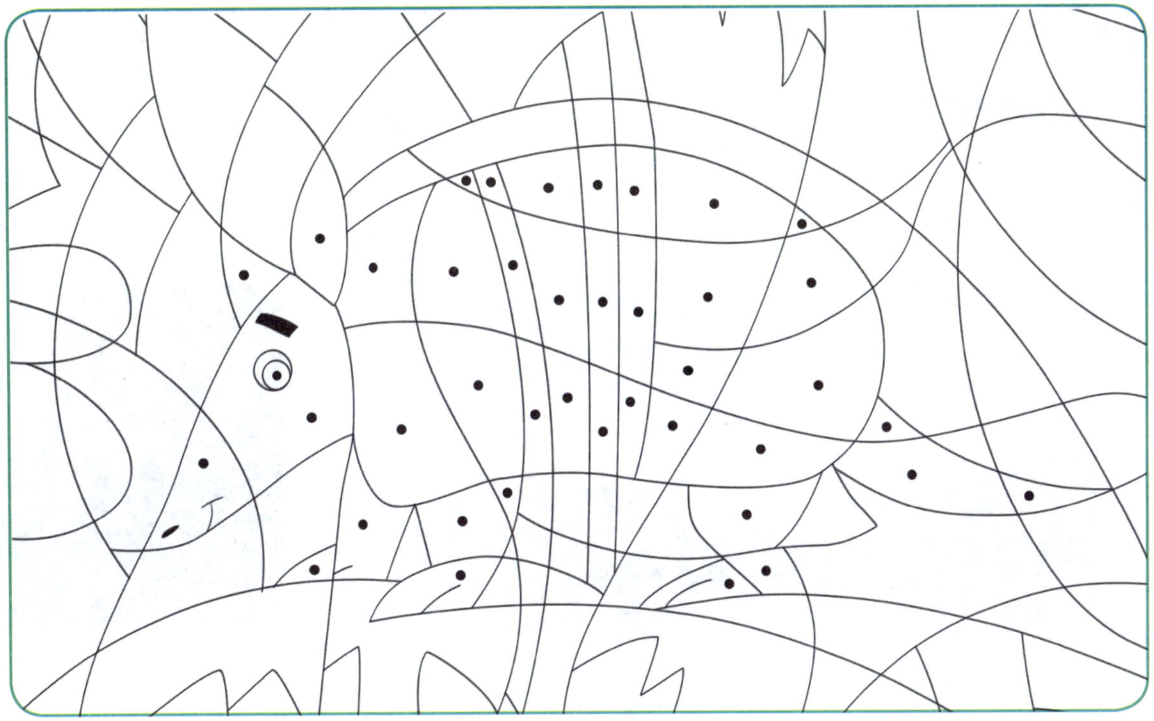

Ilustrações: Ilustra Cartoon/Arquivo da editora

COMPLETE AS PALAVRAS COM **TA**, **TE**, **TI**, **TO** OU **TU**.

Coprid/Shutterstock/ Glow Images

_____gela

Fotogroove/Shutterstock/ Glow Images

pe_____ca

Madarakis/Shutterstock/ Glow Images

_____lefone

Iolloj/Shutterstock/Glow Images

_____pe_____

Oleksiy Mark/ Shutterstock/ Glow Images

_____cano

Andrew Mayovskyy/Shutterstock/Glow Images

na_____reza

Horia Bogdan/Shutterstock/Glow Images

ma_____

DATA: _____ /_____ /_____

MARQUE COM UM **X** A SÍLABA INICIAL DO NOME DE CADA FIGURA.

Svetlana Foote/Shutterstock/ Glow Images

DA | TA | PA

windu /Shutterstock/Glow Images

TI | BI | LI

Bozena Fulawka/Shutterstock/Glow Images

CA | TO | GO

defpicture/Shutterstock/Glow Images

TI | SI | GE

StockPhotosArt/Shutterstock/Glow Images

RE | TE | VE

Rich Carey/Shutterstock/Glow Images

TU | MU | BU

DATA: _____ /_____ /_____

DAS PALAVRAS ABAIXO, PINTE SOMENTE AS QUE FOREM DITADAS.

TABUADA	RATO	BOTA	BATIDA
SETE	TITIO	TOMADA	RITA
PATO	TADEU	APITO	TATIANA

AGORA, ESCREVA AS PALAVRAS DO DITADO ABAIXO DAS FIGURAS CORRESPONDENTES.

Ilustrações: Ilustra Cartoon/Arquivo da editora

DATA: _____ /_____ /_____

CONSUMIR MENOS!

BOTAS, TÊNIS, SAPATOS... QUANTOS CALÇADOS VOCÊ TEM? QUANTOS REALMENTE USA? CONVERSE SOBRE AS CENAS ABAIXO.

Ilustrações: Ilustra Cartoon/Arquivo da editora

DATA: _____ /_____ /_____

E SEU MATERIAL ESCOLAR? QUAL É A MELHOR MANEIRA DE USÁ-LO?
ASSINALE COM UM **X** AS CENAS QUE MOSTRAM COMPORTAMENTOS ADEQUADOS.

LEIA O POEMA COM O PROFESSOR E FAÇA UM DESENHO SOBRE ELE.

DE TOUQUINHA COLORIDA,
QUE ALUNA FANTÁSTICA!
LÁ VAI A VACA MARGARIDA
PARA A AULA DE HIDROGINÁSTICA!

O MEDO DA ÁGUA, E QUE MEDO,
ELA PERDEU SEM TER NOÇÃO.
UM DIA, ELA FOI PARA O BREJO
E FICAR NA ÁGUA FOI DIVERSÃO!

ELA AGORA É TÃO FELIZ,
É UMA VACA REALIZADA.
PERDEU O MEDO DA ÁGUA,
E AINDA FICOU MAIS MALHADA.

OS BICHOS E SEUS CAPRICHOS, DE TATIANA PAIVA E FABIANO ONÇA. SÃO PAULO: MELHORAMENTOS, 2007.

VACA	VA
vaca	va
vaca	va

DATA: _____ /_____ /_____

COMPLETE AS PALAVRAS COM AS SÍLABAS **VA**, **VE**, **VI**, **VO** OU **VU**.

Julia Remezova/Shutterstock/Glow Images

ca______lo

Aksenova Natalya/Shutterstock/Glow Images

______la

apertureSound/Shutterstock/Glow Images

______olão

Coprid/Shutterstock/Glow Images

o______

Ivonne Wierink/Shutterstock/Glow Images

______so

DFabri/Shutterstock/Glow Images

vu______zela

DATA: _____ /_____ /_____

O QUE É, O QUE É? PINTE A RESPOSTA.

O QUE É, O QUE É?
SOPRA MUITO SEM TER BOCA
TEM PÉ E VIVE NO AR
E NINGUÉM PODE PEGAR?

Ilustra Cartoon/Arquivo da editora

VIOLA | VENTO | VOA

COMPLETE O NOME DOS ANIMAIS COM A SÍLABA QUE FALTA.

Dr. Morley Read/Shutterstock/Glow Images

_____GA-LUME

Arogant/Shutterstock/Glow Images

GA_____ÃO

Alex Helin/Shutterstock/Glow Images

_____ADO

DATA: _____ /_____ /_____

VAMOS ADIVINHAR MAIS UMA VEZ?

O QUE É, O QUE É?
SE É GRANDE, TEM LEITE,
SE É PEQUENA, CAFÉ?

Ilustra Cartoon/Arquivo da editora

XÍCARA	XÍ
xícara	xí
xícara	*xí*

PINTE SOMENTE AS SÍLABAS QUE FORMAM O NOME DESTA FRUTA.

CA CO TU RA

FA FI NA

NE A E BA

DI VO SA

XI FO GI ZA

DE RA MA

Yada/Shutterstock/Glow Images

DATA: ____ /____ /____

COMPLETE AS PALAVRAS COM **XA**, **XE**, **XI**, **XO** OU **XU**.
DEPOIS, DESTAQUE OS ADESIVOS DO FINAL DO LIVRO E COLE-OS NOS ESPAÇOS ACIMA DAS PALAVRAS QUE VOCÊ COMPLETOU.

cai______te

______le

______cara

en______gar

pei______

AGORA, ESCOLHA UMA DAS PALAVRAS E ESCREVA UMA FRASE.

____

____

DATA: ____ /____ /____

LEIA O POEMA COM O PROFESSOR E OS COLEGAS.

A ZEBRA

COM A ZEBRA, NUNCA INSISTA.
QUANDO ELA VAI PARA A CAMA,
SÓ USA PIJAMA DE LISTRA.

BICHOS DIVERSOS, DE ARISTIDES TORRES FILHO.
SÃO PAULO: SCIPIONE, 2008.

Alexandre Matos/ Arquivo da editora

ZEBRA	ZE
zebra	ze
zebra	*ze*

COMPLETE AS PALAVRAS COM AS SÍLABAS DO QUADRO.

ZI	ZO	ZU

Darren K. Fisher/Shutterstock/Glow Images

GUI_____

offstocker/Shutterstock/Glow Images

A_____LEJO

ppa/Shutterstock/Glow Images

CO_____NHA

DATA: _____ /_____ /_____

COMPLETE A CRUZADINHA COM AS LETRAS QUE ESTÃO FALTANDO.

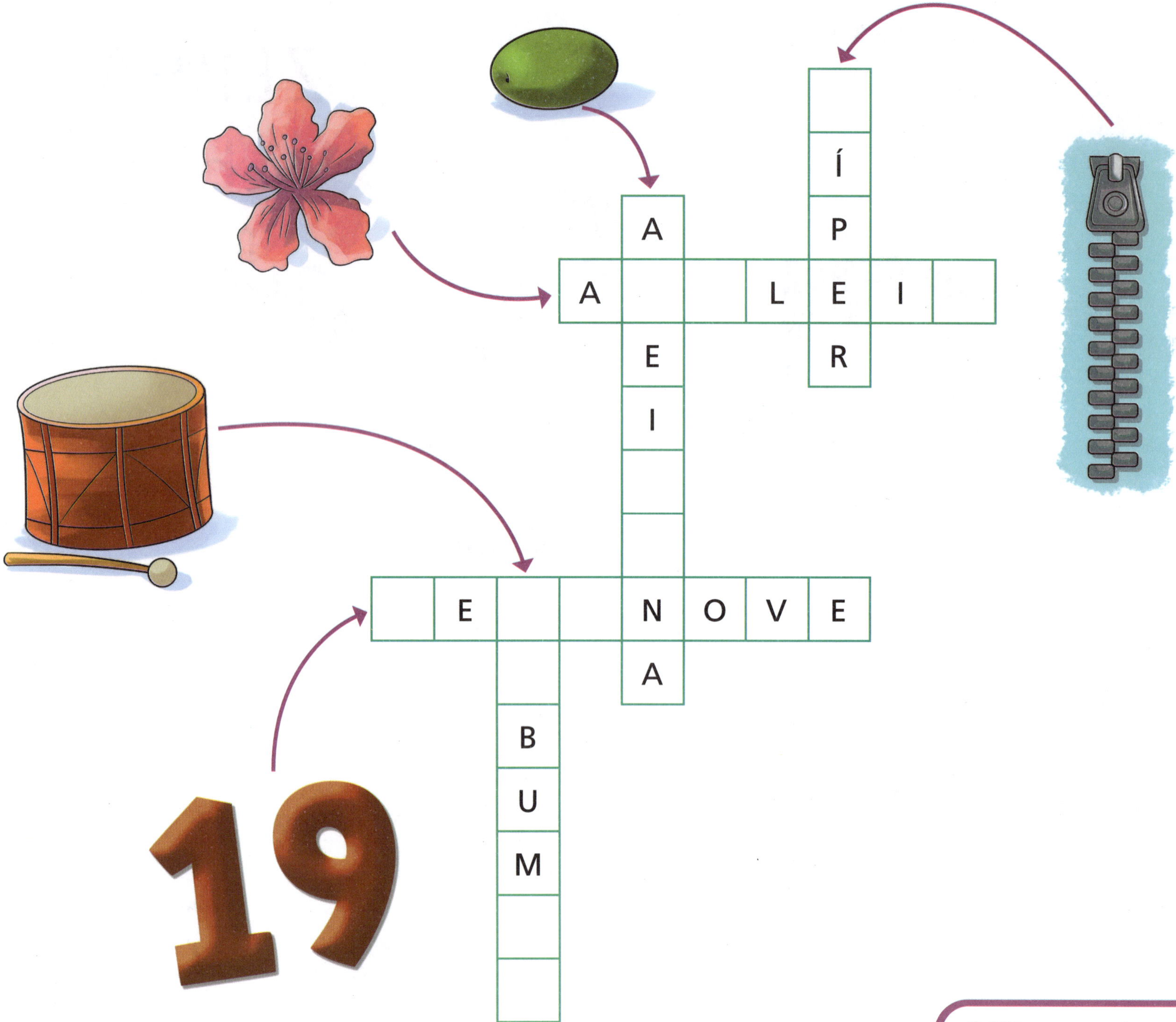

Ilustrações: Ilustra Cartoon/Arquivo da editora

DATA: _____ /_____ /_____

HORA DA HISTÓRIA

NINO QUER UM AMIGO

OUÇA A HISTÓRIA QUE O PROFESSOR VAI CONTAR.

NINO, POR QUE VOCÊ ESTÁ SEMPRE TÃO SÉRIO E CABISBAIXO?
NINO VIVIA TRISTE. ELE SE SENTIA SOZINHO. NINGUÉM QUERIA SER AMIGO DELE.
POBRE NINO.

UM DIA, NA PRAIA, ELE FICOU ESPERANÇOSO DE ENCONTRAR UM AMIGO.
– AH, UM MENINO. QUEM SABE... – E TENTOU CHEGAR PERTO DELE.
MAS O MENINO VIROU PARA O LADO, CAVOU UM BURACO,
E AINDA JOGOU AREIA NO NINO.
COITADO DELE.

OUTRO DIA, NA ESCOLA, ELE TENTOU PUXAR CONVERSA COM UMA COLEGA
DE TURMA. OLHOU PARA A MENINA, QUE ERA TODA SARDENTA, UMA GRAÇA.
ESBOÇOU UM SORRISO E TENTOU PUXAR ASSUNTO.
MAS ESTAVA TÃO ACOSTUMADO A FICAR CALADO E SÉRIO
QUE AS PALAVRAS DEMORARAM A SAIR DE SUA BOCA.
A MENINA BONITINHA DESISTIU DE ESPERAR QUE ELE DISSESSE ALGUMA COISA.
VIROU-SE DE COSTAS E FOI BRINCAR COM UMA AMIGA.
TADINHO DO NINO.

Ilustra Cartoon/Arquivo da editora

DATA: _____ /_____ /_____

NEM OS ANIMAIS PARECIAM QUERER SER SEUS AMIGOS.
UMA TARDE, NINO VIU UM MENINO COM UM CÃO PASSEANDO NA PRAÇA.
FICOU COM VONTADE DE AGRADAR O CACHORRO, MAS FICOU COM MEDO DE QUE ELE MORDESSE.
FEZ UM AGRADO BEM TÍMIDO.
O CÃO NEM AÍ PARA ELE.
QUE PENA, NINO.

ATÉ QUE, UM DIA, ELE TINHA DESISTIDO DE PROCURAR.
PENSANDO EM POR QUE, QUANTO MAIS TENTAVA ENCONTRAR UM AMIGO, MAIS SOZINHO SE SENTIA...
FICOU DISTRAÍDO, PENSANDO, E ADORMECEU.

QUANDO ACORDOU, OLHOU-SE NO ESPELHO.
ENQUANTO ESCOVAVA OS DENTES, PERCEBEU QUE FAZIA MUITAS CARETAS.
ACHOU ENGRAÇADO. ENXAGUOU A BOCA E CONTINUOU BRINCANDO COM O ESPELHO. ERA RISO DAQUI, RISO DE LÁ. ERA LÍNGUA DO NINO E LÍNGUA DO ESPELHO. PISCADELA AQUI, PISCADELA ALI. COMEÇOU ALI UMA VERDADEIRA FOLIA. ERA UM JOGO DE RECONHECIMENTO ENTRE NINO E SUA IMAGEM NO ESPELHO. E NÃO É QUE NINO ERA BEM ENGRAÇADINHO? ELE MESMO NUNCA TINHA REPARADO NISSO ANTES.
QUE CARA LEGAL ERA NINO.
QUE GAROTO CHARMOSO, BEM-HUMORADO!
NINO FICOU ENCANTADO COM SEU ESPELHO.
FEZ-SE ALI UMA GRANDE AMIZADE.

E DEPOIS DESSA AMIZADE SURGIRAM MUITAS OUTRAS.
NINO HOJE É UM CARA CHEIO DE GRANDES AMIGOS.
INCLUINDO ELE MESMO.
VALEU, NINO.

NINO QUER UM AMIGO, DE KATIA CANTON. REVISTA **NOVA ESCOLA**.
SÃO PAULO: ABRIL, EDIÇÃO ESPECIAL N. 13, V. 4, ABR. 2007. P. 44.

Ilustra Cartoon/ Arquivo da editora

DATA: _____ /_____ /_____

UNIDADE 4

DESCOBERTA DE NOVAS PALAVRAS!

Juan Carlos Federico/Arquivo da editora

RODA DE CONVERSA

AS CRIANÇAS VÃO CONHECER UMA PARLENDA. VOCÊ SABE ALGUMA? CONTE-A PARA OS COLEGAS.

Ilustra Cartoon/Arquivo da editora

DATA: _____ /_____ /_____

BRINCANDO E APRENDENDO MAIS PALAVRAS

LEIA O POEMA COM O PROFESSOR.

QUATI

QUATI POR AQUI
QUASE NÃO SE VÊ.
AMIGO QUATI,
ONDE ESTÁ VOCÊ?

BICHONÁRIO, DE NÍLSON JOSÉ MACHADO.
SÃO PAULO: ESCRITURAS, 2010.

Ilustra Cartoon/Arquivo da editora

QUATI	QUA
quati	qua
quati	*qua*

COMPLETE AS PALAVRAS COM A MESMA SÍLABA DE **QUA**TI.

Suwatchai Pluemruetai/Shutterstock/Glow Images

á ______ rela

Hintau Aliaksei/Shutterstock/Glow Images

______ tro

JUNTE AS PEÇAS DE CADA QUADRO PARA FORMAR NOVAS PALAVRAS.

DATA: _____ / _____ / _____

QUAL É O BARULHO QUE OS RELÓGIOS ANTIGOS FAZEM? ACOMPANHE A LEITURA DO TRAVA-LÍNGUA PARA DESCOBRIR.

PARA OUVIR O TIQUE-TAQUE
TIQUE-TAQUE, TIQUE-TAQUE
DEPOIS QUE UM TIQUE TOCA,
É QUE SE TOCA UM TAQUE.

TIQUE-TAQUE	QUE
tique-taque	que
tique-taque	que

Ilustra Cartoon/Arquivo da editora

USE AS SÍLABAS DO QUADRO PARA ESCREVER O NOME DAS FIGURAS.

QUE	CA	LE	QUI	BE	QUI

nuruddean/Shutterstock/Glow Images

____

Artem Samokhvalov/Shutterstock/Glow Images

____

Alexander Bark/Shutterstock/Glow Images

____

DATA: _____ /_____ /_____

QUE ANIMAL É ESSE? ACOMPANHE A LEITURA DA ADIVINHA E PINTE SOMENTE OS ESPAÇOS COM **QUI** PARA DESCOBRIR.

TEM RABO PELUDINHO,
MUITAS SEMENTES COME,
ANDA MUITO RAPIDINHO
E TEM DENTES QUE ROEM.

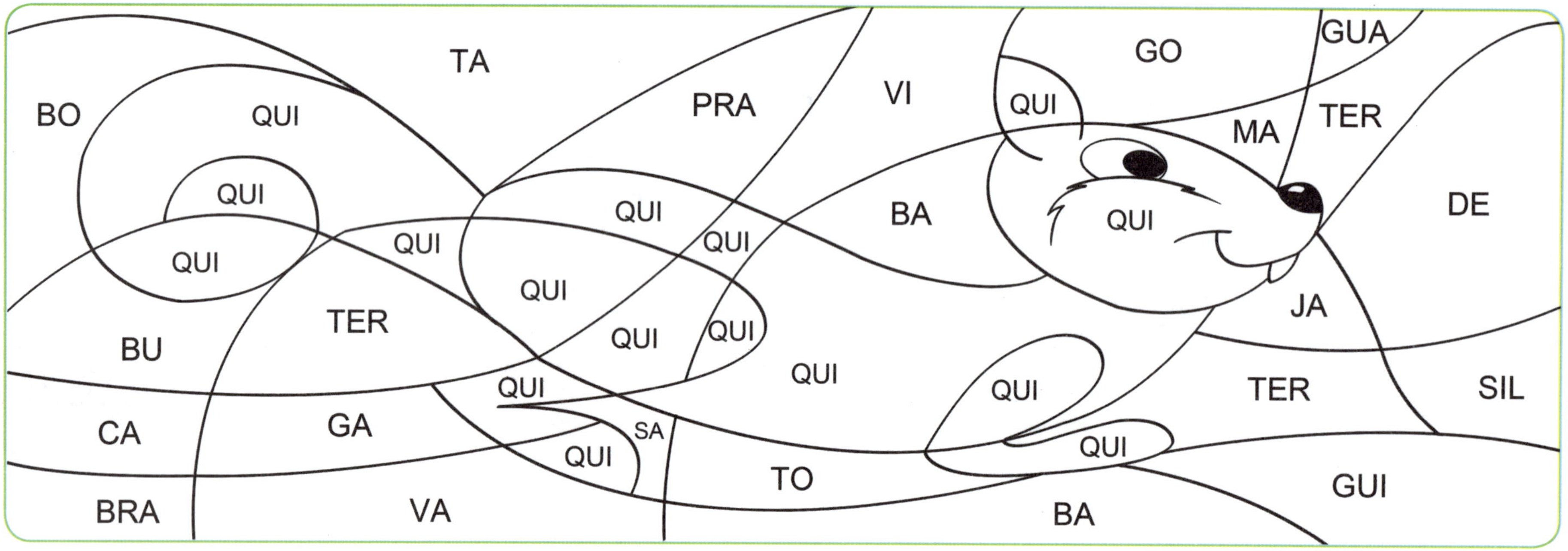

Ilustrações: Ilustra Cartoon/Arquivo da editora

VOCÊ CONHECE O SACI? ELE TEM UMA PERNA SÓ E SE DIVERTE FAZENDO TRAVESSURAS.

Ilustra Cartoon/Arquivo da editora

SACI	CI
saci	ci
saci	*ci*

ESCREVA O NOME DAS FIGURAS QUE TÊM **CE** OU **CI**.

sunabesyou/Shutterstock/Glow Images

Sakarin Sawasdinaka/Shutterstock/Glow Images

HUZAIME/Shutterstock/Glow Images

______________ ______________ ______________

DATA: ____ /____ /____

CIRCULE NO QUADRO SOMENTE AS PALAVRAS QUE FOREM DITADAS.

CIPÓ	RECIBO	MACIO	PALÁCIO	OFICINA
CÉU	BICICLETA	CIDADE	CIGARRA	CAPACETE
CEGONHA	CELULAR	CIMENTO	CEBOLA	CIBELE

ESCREVA ABAIXO DAS FIGURAS CORRESPONDENTES AS PALAVRAS QUE NÃO FORAM CIRCULADAS.

mariait/Shutterstock/Glow Images

____

J. Bicking/Shutterstock/Glow Images

____

Bochkarev Photography/Shutterstock/Glow Images

____

SunSpace/Shutterstock/Glow Images

____

Anukool Manoton/Shutterstock/Glow Images

____

Ellica/Shutterstock/Glow Images

____

O TEMA É...

VACINAÇÃO É PROTEÇÃO!

ESTE É UM CARTAZ DE CAMPANHA DE VACINAÇÃO.
PARA QUE SERVE UM CARTAZ COMO ESSE?

Reprodução/Cartaz de campanha para vacinação contra sarampo e paralisia infantil/Ministério da Saúde

DISPONÍVEL EM: <WWW.LAGARTO.SE.GOV.BR/NOVO/INDEX.PHP/SECRETARIAS/2013-08-29-17-41-11/SAUDE/ITEM/482-DIA-D-VACINACAO-2014/482-DIA-D-VACINACAO-2014>. ACESSO EM: 20 OUT. 2014.

DATA: _____ /_____ /_____

DECIFRE OS SÍMBOLOS E DESCUBRA O QUE O ZÉ GOTINHA ESTÁ FALANDO.

✣	❤	✿	✪	☸	⌘	✖	✧	⊙	❄	💧	◈
AR	DA	PRE	CI	DE	VA	NA	BE	NAR	É	BO	SO

✖ ❤ ________ ☸ ________ 💧 ✧ ✣. ________

❄ ________ ✿ ✪ ◈ ________

⌘ ✪ ⊙! ________

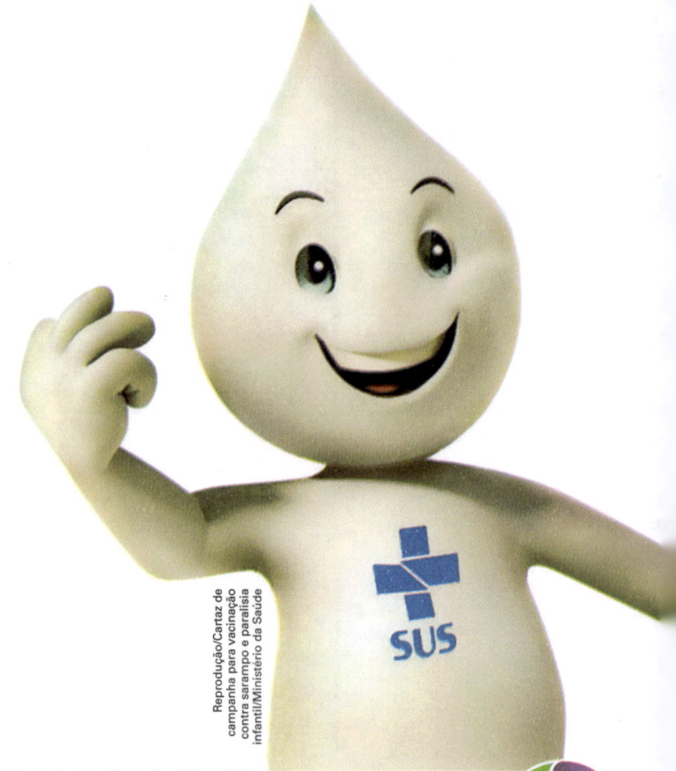

Reprodução/Cartaz de campanha para vacinação contra sarampo e paralisia infantil/Ministério da Saúde

DATA: ____ /____ /____

VOCÊ JÁ FOI AO CIRCO? O QUE OS PALHAÇOS COSTUMAM FAZER?

Ilustra Cartoon/Arquivo da editora

PALHAÇO ÇO
palhaço ço
palhaço ço

COMPLETE AS PALAVRAS COM **ÇA**, **ÇO**, **ÇU**, **ÇÃ** E **ÇÃO**.

Hunny Cloverz/Shutterstock/Glow Images

po______

topseller/Shutterstock/Glow Images

ma______

Gayvoronskaya_Yana/Shutterstock/Glow Images

a______car

guentermanaus/Shutterstock/Glow Images

cupua______

VetrovaMaria/Shutterstock/Glow Images

cora______

Sue Burton PhotographyLtd/Shutterstock/Glow Images

on______

DATA: ____ /____ /____

SIGA AS INDICAÇÕES PARA ENCONTRAR AS RESPOSTAS DAS ADIVINHAS.
DICA: TODAS AS PALAVRAS TÊM A LETRA **Ç**.

Ilustra Cartoon/Arquivo da editora

A1 ➡ REPRESENTA O AMOR. ______

A2 ➡ PARTE DO CORPO DA GIRAFA QUE MAIS CHAMA A ATENÇÃO. ______

A3 ➡ É USADA PARA SERVIR BEBIDAS. ______

B1 ➡ TRABALHA NO CIRCO E É MUITO ENGRAÇADO. ______

B2 ➡ ENFEITA OS PRESENTES. ______

B3 ➡ É A FRUTA DA HISTÓRIA DA BRANCA DE NEVE. ______

DATA: _____ /_____ /_____

LEIA O NOME DE UM ANIMAL QUE APARECEU NA ATIVIDADE ANTERIOR.

Ilustra Cartoon/Arquivo da editora

GIRAFA	GI
girafa	gi
girafa	*gi*

AGORA, COMPLETE AS PALAVRAS COM A SÍLABA **GI**, DE GIRAFA.

Chepko Danil Vitalevich/Shutterstock/Glow Images

má______co

wavebreakmedia/Shutterstock/Glow Images

______nástica

Bodik1992/Shutterstock/Glow Images

pá______na

VAMOS FORMAR PALAVRAS? SIGA AS SETAS.

GI → RAS | SOL ______________________

GI → RA | FA ______________________

GI → GAN | TE ______________________

GE → LA | DO ______________________

GE → LA | TI | NA ______________________

GE → MA | DA ______________________

LEIA AS PALAVRAS DO QUADRO E CIRCULE AQUELAS QUE FOREM DITADAS PELO PROFESSOR.

TIGELA	HOJE	INJEÇÃO	COLÉGIO
REGIME	JILÓ	JIBOIA	MÁGICO
GINA	GELO	GIGANTE	GÊMEOS

DATA: _____ /_____ /_____

CANTE COM OS COLEGAS.

CARANGUEJO NÃO É PEIXE,
CARANGUEJO PEIXE É,
CARANGUEJO SÓ É PEIXE
NA ENCHENTE DA MARÉ.

ORA PALMA, PALMA, PALMA,
ORA PÉ, PÉ, PÉ,
ORA RODA, RODA, RODA,
CARANGUEJO PEIXE É.

CANTIGA POPULAR

CARANGUEJO	GUE
caranguejo	gue
caranguejo	*gue*

Ilustra Cartoon/Arquivo da editora

COMPLETE AS PALAVRAS COM **GUE** OU **GUI**.

Viktor1/Shutterstock/Glow Images

espa______te

minifilm/Shutterstock/Glow Images

fo______te

Morganka/Shutterstock/Glow Images

______tarra

DATA: _____ /_____ /_____

LEIA AS PALAVRAS DO QUADRO E DISTRIBUA-AS NA TABELA, NAS COLUNAS ADEQUADAS.

AÇOUGUE	GUILHERME	JEGUE	GUEPARDO
PREGUIÇA	GUIZO	SANGUE	FORMIGUINHA

GUE	GUI

LIGUE AS FIGURAS A SEUS RESPECTIVOS NOMES.

trusjom/Shutterstock/Glow Images

picturepartners/Shutterstock/Glow Images

Eric Isselee/Shutterstock/Glow Images

GUEPARDO | BUMERANGUE | ENGUIA

ACOMPANHE A LEITURA DO TEXTO.

CHICO COMEU BOLO NA CASA DE SUA AVÓ. O RECHEIO DO BOLO É O PREFERIDO DE CHICO. SABE QUAL É? RECHEIO DE CHOCOLATE!

Ilustra Cartoon/Arquivo da editora

CHOCOLATE	CHO
chocolate	cho
chocolate	cho

AGORA, COMPLETE AS PALAVRAS USANDO AS LETRAS **CH**.

GeniusKp/Shutterstock/Glow Images

_____calho

Mike Flippo/Shutterstock/Glow Images

_____nelo

Winai Tepsuttinun/Shutterstock/Glow Images

_____ve

Patrick Foto/Shutterstock/Glow Images

_____va

DATA: _____ /_____ /_____

OBSERVE AS FIGURAS E COMPLETE O DIAGRAMA.

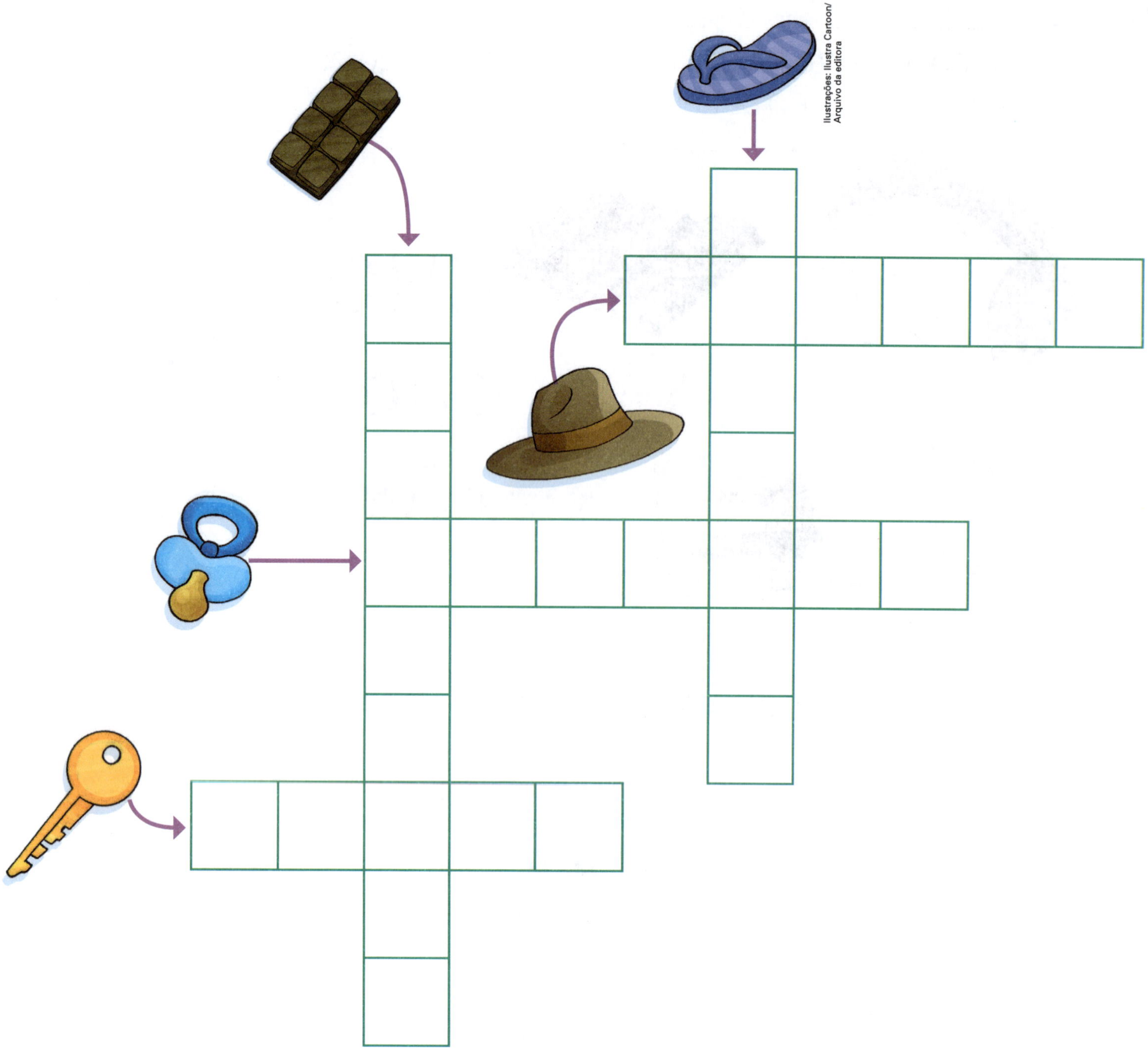

Ilustrações: Ilustra Cartoon/ Arquivo da editora

DATA: _____ /_____ /_____

HORA DE BRINCAR

QUE TAL BRINCAR DE CORRE COTIA COM SEUS COLEGAS?

CORRE COTIA
NA CASA DA TIA
CORRE CIPÓ
NA CASA DA AVÓ
LENCINHO NA MÃO
CAIU NO CHÃO
MOÇA(O) BONITA(O)
DO MEU CORAÇÃO

CANTIGA POPULAR

Ilustra Cartoon/Arquivo da editora

DATA: _____ /_____ /_____

AGORA, MOSTRE COM DESENHOS VOCÊ E SEUS COLEGAS BRINCANDO.

DATA: _____ /_____ /_____

LEIA O TEXTO COM O PROFESSOR E OS COLEGAS.

A ARANHA NÃO SE ACANHA.
COM SEU NOVELO DE LINHA,
TRANÇA ONDE QUER SUA TEIA,
ESCOLHE QUEM QUER POR VIZINHA.

CASINHAS DE BICHOS, DE HARDY GUEDES ALCOFORADO FILHO. SCIPIONE, 2008.

ARANHA NHA
aranha nha
aranha nha

COMPLETE A FRASE COM AS PALAVRAS DO QUADRO.

ACANHADA	LINHA	ARANHA

A ______________ não fica ______________
quando faz sua teia
com a ______________ .

Alexandre Matos/Arquivo da editora

COMPLETE O DIAGRAMA COM AS PALAVRAS DO QUADRO.

GALINHA	LINHA	NINHO	CAMINHÃO	MINHOCA	CAMINHO

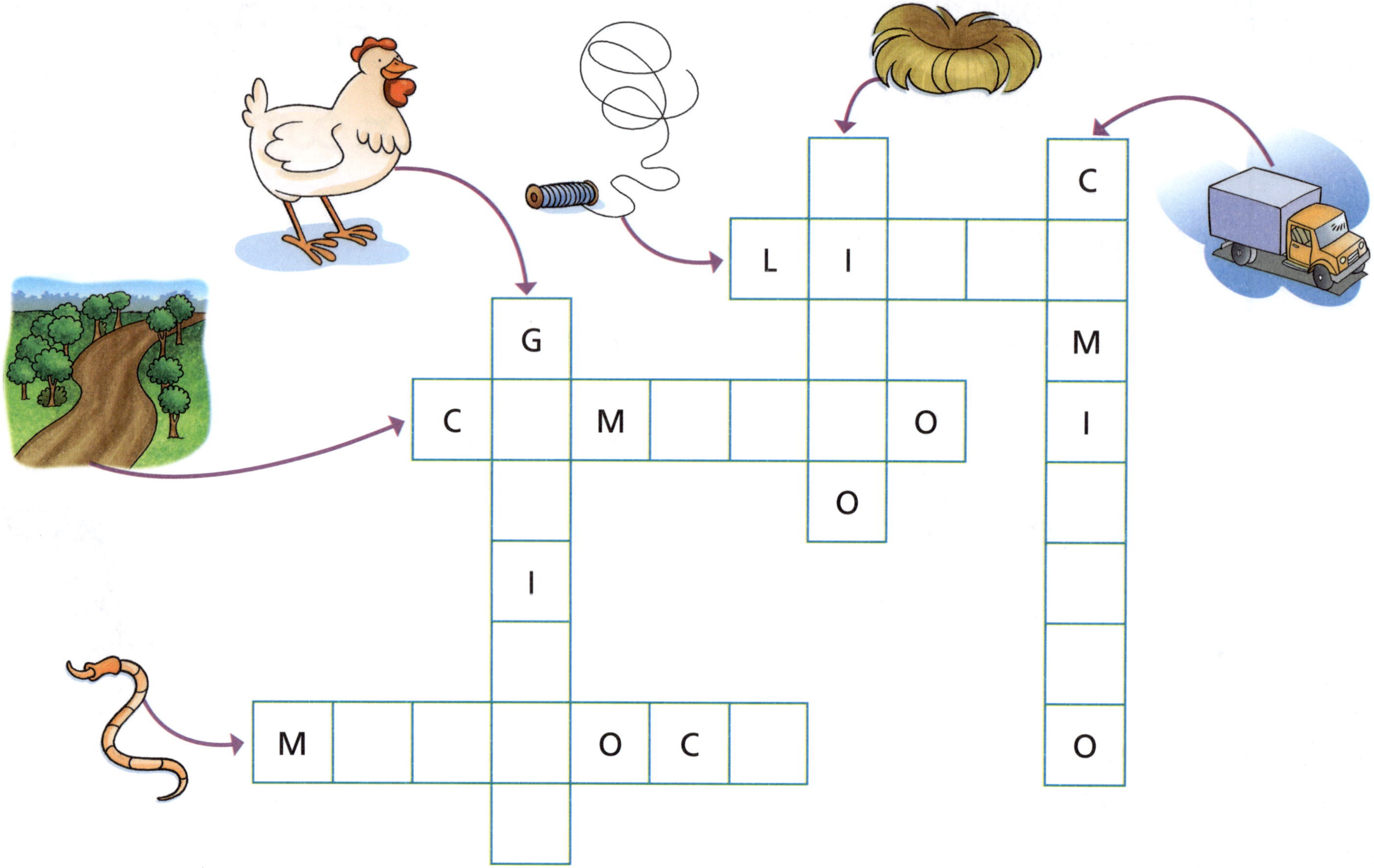

Ilustrações: Ilustra Cartoon/ Arquivo da editora

VOCÊ CONHECE ESTA CANTIGA?

DE OLHOS VERMELHOS,
DE PELO BRANQUINHO,
DOU SALTOS BEM ALTOS,
EU SOU COELHINHO.
[...]

CANTIGA POPULAR

Ilustra Cartoon/Arquivo da editora

COELHO	LHO
coelho	lho
coelho	lho

COMPLETE AS FRASES COM AS PALAVRAS DO QUADRO.

BARULHO	COELHO	VERMELHO	TELHADO

O ____________ TEM OLHO ____________.

O GATO NO ____________ FAZ ____________.

DATA: _____ /_____ /_____

AJUDE RAFAEL A CHEGAR À SUA CASA TRAÇANDO O CAMINHO DE PALAVRAS COM **LH**.

Ilustra Cartoon/Arquivo da editora

DATA: ____ /____ /____

COMPLETE AS PALAVRAS USANDO AS LETRAS **LH**.

Eric Isselee/Shutterstock/Glow Images

ove________

Africa Studio/Shutterstock/Glow Images

espe________

Maks Narodenko/Shutterstock/Glow Images

fo________

Taiga/Shutterstock/Glow Images

mi________

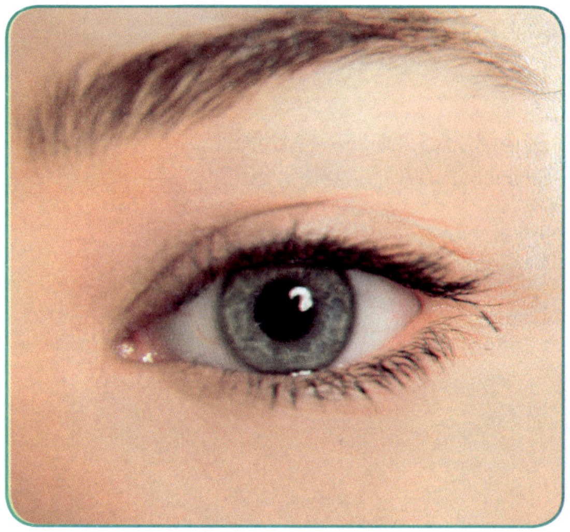

S_L/Shutterstock/Glow Images

o________

mayakova/Shutterstock/Glow Images

a________

DATA: _____ /_____ /_____

COMPLETE OS POEMAS, CHAMADOS DE HAICAIS, COM AS LETRAS DO QUADRO.

NH	LH	CH

BURACOS? EU NÃO!
BRADOU A ESPOSA DO TATU.
PINTEI AS U_______AS

A COBRA VAIDOSA
TROCA SEMPRE A ROUPA VE_______A.
NEM É DIA DE FESTA!

_______EIRO DE ESTRUME!
GOSTOU? PERGUNTA O GAMBÁ.
TROQUEI O PERFUME!

CAI OU NÃO CAI? HAICAIS DE ANIMAIS, DE JEAN MARCEL E SIMONE ALVES PEDERSEN. VINHEDO: AVIS BRASILIS, 2013.

Ilustra Cartoon/Arquivo da editora

DATA: _____ /_____ /_____

VOCÊ CONHECE ESTA CANTIGA? CANTE-A COM OS COLEGAS.

PIRULITO QUE BATE, BATE
PIRULITO QUE JÁ BATEU
QUEM GOSTA DE MIM É ELA
QUEM GOSTA DELA SOU EU.

CANTIGA POPULAR.

Ilustra Cartoon/Arquivo da editora

PIRULITO
pirulito
pirulito

COMPLETE AS PALAVRAS COM **RA**, **RE**, **RI**, **RO** OU **RU**.

Phaeton Place/Shutterstock/Glow Images

co______ja

FCG/Shutterstock/Glow Images

jara______ca

Pe3k/Shutterstock/Glow Images

pe______quito

duchy/Shutterstock/Glow Images

tou______

Don Mammoser/Shutterstock/Glow Images

pere______ca

Carmine Arienzo/Shutterstock/Glow Images

u______bu

DATA: ____ /____ /____

LEIA O TEXTO COM O PROFESSOR E OS COLEGAS.

EU VI UMA BORBOLETA AMARELA,
UM ARCO-ÍRIS NO CÉU E
UM BARQUINHO DE PAPEL.

Ilustra Cartoon/ Arquivo da editora

BORBOLETA
borboleta
borboleta

ACOMPANHE A LEITURA DE OUTRO TEXTO.
DEPOIS, DISTRIBUA AS PALAVRAS EM DESTAQUE NO QUADRO.

SE VOCÊ **OLHAR** BEM PARA UMA **BORBOLETA**, IRÁ **PERCEBER** QUE AS ASAS DELA SÃO **FORMADAS** POR ESCAMAS QUE SE SOBREPÕEM COMO O TELHADO DE UMA CASA. ESSA FORMAÇÃO DAS ASAS **PERMITE** A PASSAGEM DO **CALOR**, DO **AR** E DA LUZ. ASSIM, A TEMPERATURA DO **CORPO** DA BORBOLETA SE MANTÉM SEMPRE IGUAL.

PALAVRAS COM AR	PALAVRAS COM ER	PALAVRAS COM OR

FAZENDO ARTE

QUE TAL FAZER TRÊS OBRAS DE ARTE? SIGA OS TÍTULOS PARA FAZER SUAS COLAGENS DIVERTIDAS.

UMA BORBOLETA

UM ARCO-ÍRIS NO CÉU

UM BARQUINHO

DATA: _____ /_____ /_____

LEIA OS VERSOS E TENTE DESCOBRIR SOBRE QUEM ESTÃO FALANDO.

TRABALHO O DIA INTEIRO,
TODO DIA SEM FALHAR.
NÃO CONHEÇO FERIADO
NEM SEI O QUE É REPOUSAR.

DONA VASSOURA, DE GUIOMAR PAIVA BRANDÃO. SÃO PAULO: FORMATO, 2009.

Ilustra Cartoon/Arquivo da editora

VASSOURA	SS
vassoura	ss
vassoura	ss

COMPLETE O NOME DAS FIGURAS COM **SS**.

Super Prin/Shutterstock/Glow Images

pá_____aro

Tim UR/Shutterstock/Glow Images

pê_____ego

Ian 2010/Shutterstock/Glow Images

gira_____ol

DATA: _____ /_____ /_____

CANTE COM OS COLEGAS.

O CRAVO DISSE PRA ROSA:
VEM CÁ, VAMOS PASSEAR.
NÓS SOMOS GRANDES AMIGOS
E NÃO VAMOS MAIS BRIGAR.

Ilustra Cartoon/Arquivo da editora

ROSA
rosa
rosa

TODAS AS PALAVRAS DO QUADRO TÊM **S**. EM TODAS ELAS O **S** É FALADO DA MESMA MANEIRA?

SETA	SILÊNCIO	SABONETE	TESOURA	CASA	CASULO

ESCREVA O NOME DAS FIGURAS COM PALAVRAS DO QUADRO.

Super Prin/Shutterstock/Glow Images

____

Tim UR/Shutterstock/Glow Images

____

Ian 2010/Shutterstock/Glow Images

____

DATA: _____ /_____ /_____

UMA HISTÓRIA UM POUCO ESQUISITA

ACOMPANHE A LEITURA DE UM CONTO DE FADAS BEM DIFERENTE.

ERA UMA VEZ UM PRÍNCIPE DIFERENTE DOS OUTROS. ELE ERA UM POUCO FEIO, UM POUCO ESTRANHO, UM POUCO TORTO E UM POUCO AZARADO TAMBÉM.

UM DIA, ESSE PRÍNCIPE FOI PRESO NA TORRE POR UMA PRINCESA HORROROSA, CHATA, MANDONA E FEIA DE DOER. O COITADO FICOU SE SENTINDO MUITO MAL, PIOR QUE UM SAPO PERDIDO NA AREIA DO DESERTO.

POR SORTE, UMA BRUXA MUITO INTERESSANTE, BONITA, ALEGRE E ENGRAÇADA FICOU SABENDO DA TERRÍVEL MALDADE. NÃO PERDEU TEMPO, MONTOU O CAVALO NAS COSTAS E CORREU PARA LÁ.

CHEGANDO, GRITOU: "Ó, PRÍNCIPE AMADO, JOGA-ME TUAS TRANÇAS! EU VIM TE SALVAR!"

Ilustra Cartoon/Arquivo da editora

O PRÍNCIPE FICOU TÃO FELIZ COM A CHEGADA DELA QUE, SEM PENSAR, PULOU DE LÁ DE CIMA. CAIU NO CAVALO, QUEBROU UMA PERNA, DOIS DENTES DA FRENTE, TORCEU AS COSTELAS, RASGOU TODA A ROUPA E, COMO SE NÃO BASTASSE, PERDEU A PERUCA TAMBÉM. O QUE ACONTECEU COM O POBRE CAVALO NINGUÉM SABE.

O PRÍNCIPE SE ARREBENTOU INTEIRO, MAS A BRUXA, QUE O AMAVA, CUIDOU TÃO BEM DELE QUE O MOÇO FICOU BONZINHO, SÓ UM POUCO MAIS TORTO DO QUE ANTES.

A BRUXA E O PRÍNCIPE MUDARAM PARA LONGE, PARA UMA TERRA DISTANTE, BEM MAIS BONITA QUE AQUELA, E COMPRARAM UM CASTELO ANTIGO, LINDO, QUE FICAVA NO ALTO DA MONTANHA. E AÍ ACONTECEU, DE VERDADE, O QUE NINGUÉM ACREDITAVA QUE FOSSE ACONTECER: ELES VIVERAM JUNTINHOS PARA SEMPRE, FELIZES, CHEIOS DE AMOR.

FIM

NOTA DE RODAPÉ: UM DIA, QUANDO ELES JÁ ERAM VELHINHOS E CONTINUAVAM FELIZES, FICARAM SABENDO QUE A PRINCESA MALVADA TINHA SE CASADO COM UM DRAGÃO. UM DRAGÃO QUE SABIA QUEIMAR A MALDADE DELA COM O FOGO DAS VENTAS.

FELPO FILVA, DE EVA FURNARI. SÃO PAULO: MODERNA, 2006.

Ilustra Cartoon/Arquivo da editora

DATA: ____ /____ /____

SUGESTÕES PARA O ALUNO

LIVROS

Reprodução/Editora Ática

A CONVERSA DAS PALAVRAS, DE JANDIRA MASUR, ÁTICA.

BRINCAR COM AS PALAVRAS PARA ENTENDER O QUE SIGNIFICAM É MUITO DIVERTIDO, ALÉM DE SER UM FORTE ESTÍMULO PARA QUERER CONHECER MAIS E MAIS PALAVRAS.

Reprodução/Editora FTD

CIRANDA DOS INSETOS, DE CIÇA, FTD.

COM VINTE E TRÊS QUADRINHAS, ESTE LIVRO VAI LEVÁ-LO A UM MUNDO MEIO MALUCO, PORÉM, INESQUECÍVEL! ELE APRESENTA DIVERSOS INSETOS, DESDE OS MAIS COMUNS ATÉ OS MAIS ESQUISITOS.

Reprodução/Editora Salamandra

DELÍCIAS E GOSTOSURAS, DE ANA MARIA MACHADO, SALAMANDRA.

ISADORA E HENRIQUE TÊM UMA AVÓ QUE PREPARA MUITAS GOSTOSURAS. AGORA QUE ELES VÃO PASSAR O FIM DE SEMANA NA CASA DELA, NÃO VÃO FALTAR DELÍCIAS PARA ELES SABOREAREM COM SEUS AMIGOS.

Reprodução/Editora Scipione

"ESSA RUA É NOSSA!", DE BEATRIZ MEIRELLES, SCIPIONE.

AS RUAS FORAM FEITAS PARA TODOS, SEM EXCEÇÃO. POR ISSO, É MUITO IMPORTANTE CUIDAR DELAS COM RESPONSABILIDADE E RESPEITO. ISSO GARANTE O DIREITO DE IR E VIR DE QUALQUER PESSOA. A OBRA TRATA DE IMPORTANTES NOÇÕES DE CIDADANIA, PROMOVE OPORTUNIDADES DE REFLEXÃO SOBRE COMPORTAMENTO NO ESPAÇO PÚBLICO E INCENTIVA AS CRIANÇAS A CONTRIBUIR PARA TORNAR MELHOR NOSSA VIDA EM SOCIEDADE.

Reprodução/Editora Brinque-Book

GILDO E OS AMIGOS NA ESCOLA, DE SILVANA RANDO, BRINQUE-BOOK.

O CARISMÁTICO ELEFANTINHO GILDO ANDA DE ÔNIBUS, BRINCA NO PARQUINHO, TOMA LANCHE E TIRA UMA SONECA, SEMPRE EM BOA COMPANHIA, AO LADO DO PASSARINHO PAULO, DA CHARMOSA HIPOPÓTAMO VERINHA, DO MACACO JOÃO E DA GIRAFA CATARINA.

Reprodução/Editora Alfaguara

O BATALHÃO DAS LETRAS, DE MARIO QUINTANA, OBJETIVA.

O LIVRO APRESENTA O ALFABETO ENQUANTO ENSINA POESIA, ORA RESSALTANDO AS FORMAS GRÁFICAS DAS LETRAS, ORA SEUS FONEMAS. UM SINGULAR ABECEDÁRIO POÉTICO, EM QUE O AUTOR BRINCA COM AS LETRAS E AS PALAVRAS DE NOSSA LÍNGUA.

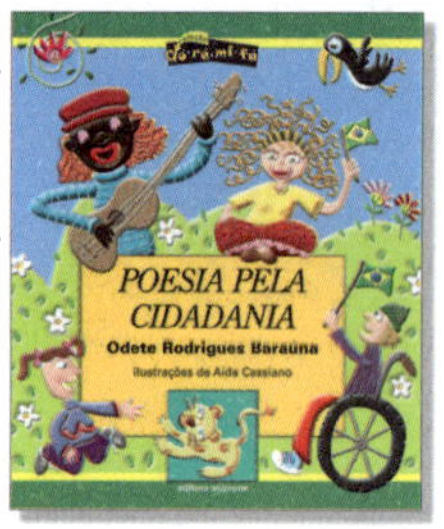

Reprodução/Editora Scipione

POESIA PELA CIDADANIA, DE ODETE RODRIGUES BARAÚNA, SCIPIONE.

CIDADANIA NÃO É COISA SÓ DE ADULTO. CONHECER E RESPEITAR DIREITOS E OBRIGAÇÕES TAMBÉM É DIREITO E DEVER DAS CRIANÇAS. NESTE LIVRO, DE LINGUAGEM POÉTICA E ACESSÍVEL, VOCÊ APRENDERÁ NOÇÕES BÁSICAS DE CONDUTA SOBRE MEIO AMBIENTE, RELAÇÕES PESSOAIS, REGRAS DE TRÂNSITO, ETC.

Ilustrações: Juan Carlos Federico/Arquivo da editora

CDs

Divulgação/Arquivo da editora

CANÇÃO DE TODAS AS CRIANÇAS, DE TOQUINHO, UNIVERSAL.

ESTE ÁLBUM, LANÇADO ORIGINALMENTE EM 1987, APRESENTA DIVERSOS CLÁSSICOS COMPOSTOS POR TOQUINHO PARA O PÚBLICO INFANTIL, COMO "GENTE TEM SOBRENOME", "ERRAR É HUMANO" E "CADA UM É COMO É".

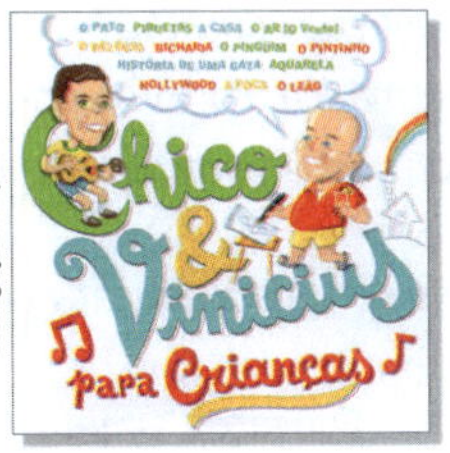

Divulgação/Arquivo da editora

CHICO E VINÍCIUS PARA CRIANÇAS, UNIVERSAL MUSIC.

ESTE CD APRESENTA 14 CANÇÕES DOS COMPOSITORES CHICO BUARQUE E VINÍCIUS DE MORAIS, ENTRE ELAS AS CONSAGRADAS "O PATO" E "AQUARELA".

Divulgação/Arquivo da editora

TRÁ-LÁ-LÁ-LÁ-LI TRÁ-LÁ-LÁ-LÁ-LÁ, DE THELMO LINS E WAGNER COSSE, SONHOS E SONS.

ESTE CD APRESENTA POEMAS INFANTIS DE HENRIQUETA LISBOA MUSICADOS POR COMPOSITORES MINEIROS, COMO VANDER LEE, MAURÍCIO TIZUMBA, RENEGADO, ERIKA MACHADO, AFFONSINHO E CELSO ADOLFO.

DVD

Reprodução/Palavra Cantada

PARA FICAR COM VOCÊ, DE SANDRA PERES, PAULO TATIT E LIBERTÀ ARTE, MCD.

O DVD REÚNE CINCO CLIPES INÉDITOS, ALÉM DOS PRINCIPAIS SUCESSOS DA DUPLA. TRAZ CLIPES DE ANIMAÇÃO E DE *SHOWS* E UM CD COM ALGUMAS DAS CANÇÕES MAIS IMPORTANTES DESSES 20 ANOS DE CARREIRA.

Ilustrações: Juan Carlos Federico/Arquivo da editora

BIBLIOGRAFIA

ADAMS, M. J. et al. *Consciência fonológica em crianças pequenas.* Porto Alegre: Artmed, 2006.

ALMEIDA, Rosangela Doin de. *Espaço e tempo na Educação Infantil.* São Paulo: Contexto, 2014.

AYRES, Sonia Nunes. *Educação Infantil*: teorias e práticas para uma proposta pedagógica. Petrópolis: Vozes, 2012.

BRASIL. Ministério da Educação. Secretaria de Educação Fundamental. *Referencial Curricular Nacional para a Educação Infantil.* Brasília, 1998. 3 v.

BRITO, T. A. *Música na Educação Infantil.* São Paulo: Peirópolis, 2003.

CARVALHO, Mercedes; BAIRRAL, Marcelo Almeida (Org.). *Matemática e Educação Infantil*: investigação e possibilidades de práticas pedagógicas. Petrópolis: Vozes, 2012.

CHATEAU, J. *O jogo e a criança.* São Paulo: Summus, 1987.

COLL, C.; MARTIN, E. et al. *Aprender conteúdos e desenvolver capacidades.* Tradução de Cláudia Schilling. Porto Alegre: Artmed, 2004.

CÓRIA-SABINI, Maria Aparecida. *Jogos e brincadeiras na Educação Infantil.* Campinas: Papirus, 2012.

DANTE, L. *Didática da Matemática na pré-escola.* São Paulo: Ática, 1996.

DEVRIES, R. *O currículo construtivista na Educação Infantil*: práticas e atividades. Porto Alegre: Artmed, 2003.

FABER, A.; MAZLISH, E. *Como falar para o aluno aprender.* São Paulo: Summus, 2005.

FERREIRA, S. *Imaginação e linguagem no desenho da criança.* Campinas: Papirus, 1998.

FERREIRO, E. *Reflexões sobre alfabetização.* São Paulo: Cortez, 2001.

FRIEDMANN, A. *A arte de brincar*: brincadeiras e jogos tradicionais. Petrópolis: Vozes, 2004.

________. *Brincar*: crescer e aprender; o resgate do jogo infantil. São Paulo: Moderna, 1998.

GARDNER, H. *A criança pré-escolar*: como pensa e como a escola pode ensiná-la. Tradução de C. A. N. Soares. Porto Alegre: Artmed, 1994.

GOBBI, Maria Aparecida; PINAZZA, Mônica Appezzato (Org.). *Infância e suas linguagens.* São Paulo: Cortez, 2014.

HOFFMAN, J. *Avaliação na pré-escola*: um olhar sensível e reflexivo sobre a criança. Porto Alegre: Mediação, 1999.

JEANDOT, N. *Explorando o universo da música.* São Paulo: Scipione, 1990.

JESUS, A. C. A. de. *Como aplicar jogos e brincadeiras na Educação Infantil.* Rio de Janeiro: Brasport, 2010.

JUNQUEIRA FILHO, G. *Linguagens geradoras*: seleção e articulação de conteúdos em Educação Infantil. Porto Alegre: Mediação, 2005.

KAMII, C.; JOSEPH, L. L. *Crianças pequenas continuam reinventando a Aritmética*: implicações da teoria de Piaget. Porto Alegre: Artmed, 2005.

KANAN, Fabiana. *Brincar*: aprendizagem para a vida. Tradução de Avril Brock. Porto Alegre: Penso, 2011.

KRAEMER, M. L. *Quando brincar é aprender.* São Paulo: Loyola, 2007.

LE BOULCH, J. *Educação psicomotora*: a psicocinética na idade escolar. Tradução de Jeni Wolff. Porto Alegre: Artmed, 1987.

LUCKESI, C. C. *Avaliação da aprendizagem escolar.* São Paulo: Cortez, 2003.

MACEDO, L.; PETTY, A. L. S.; PASSOS, N. C. *Aprender com jogos e situações-problema.* Porto Alegre: Artmed, 2000.

MACHADO, M. *O brinquedo-sucata e a criança*: a importância do brincar: atividade e materiais. São Paulo: Loyola, 1995.

MAIA, J. *Literatura na formação de leitores e professores.* São Paulo: Paulinas, 2007. (Literatura & Ensino).

MELLO, Ana Maria (Org.). *O dia a dia das creches e pré-escolas*: crônicas brasileiras. Porto Alegre: Artmed, 2010.

MIRANDA, N. *200 jogos infantis.* Belo Horizonte: Itatiaia, 2002.

MORAS, I. *Fantoches, bonecos articulados e cia. de papel e cartolina.* São Paulo: Paulinas, 1998.

MOYLES, J. R. et al. *A excelência do brincar.* Tradução de Maria Adriana Veronese. Porto Alegre: Artmed, 2006.

NISTA-PICCOLO, Vilma Leni. *Corpo em movimento na Educação Infantil.* São Paulo: Cortez, 2012.

NUNES, T.; BRYANT, P. *Crianças fazendo Matemática.* Porto Alegre: Artes Médicas, 1997.

OSTETTO, Luciana Esmeralda (Org.). *Encontros e encantamentos na Educação Infantil.* Campinas: Papirus, 2012.

PANIAGUA, G.; PALACIOS, J. *Educação Infantil*: resposta educativa à diversidade. Tradução de Fátima Murad. Porto Alegre: Artmed, 2007.

REAME, Eliane et al. *Matemática no dia a dia da Educação Infantil*: rodas, cantos, brincadeiras e histórias. São Paulo: Saraiva, 2013.

SANTOS, J. G. W.; ALVES, J. M. *O jogo de dominó com contexto interativo para construção de conhecimentos pré-escolares.* Porto Alegre: Scielo, 2000.

SANTOS, S. M. P. dos (Org.). *Brinquedoteca*: o lúdico em diferentes contextos. São Paulo: Vozes, 1997.

SCHILLER, P.; ROSSANO, J. *Ensinar e aprender brincando.* Porto Alegre: Artmed, 2007.

SMOLE, K. S. *A Matemática na Educação Infantil*: a teoria das inteligências múltiplas na prática escolar. Porto Alegre: Artmed, 2000.

SMOLE, K. S.; DINIZ, M. L.; CÂNDIDO, P. *Figuras e formas.* Porto Alegre: Artmed, 2003. v. 3. (Matemática de 0 a 6).

________. *Brincadeiras infantis nas aulas de Matemática.* Porto Alegre: Artmed, 2000. (Matemática de 0 a 6).

________. *Construção da inteligência pela criança.* São Paulo: Scipione, 2002.

WARNER, P. *Aprender brincando.* Tradução de Dinah Abres Azevedo. São Paulo: Ground, 2005.

ZORZI, J. L. *Aprender a escrever*: a apropriação do sistema ortográfico. Porto Alegre: Artmed, 1998.

MATERIAL DE APOIO

MARCHA CRIANÇA
EDUCAÇÃO INFANTIL

3

LINGUAGEM

Parte integrante da Coleção Marcha Criança – Educação Infantil – Linguagem 3, Scipione.

NOME: ____________________

A

COLE A.

DOBRE.

DOBRE.

B

COLE B.

Aa	Bb	Cc	Dd	Ee	Ff	Gg
Hh	Ii	Jj	Kk	Ll	Mm	Nn
Oo	Pp	Qq	Rr	Ss	Tt	Uu
Vv	Ww	Xx	Yy	Zz	Aa	Ee

Gg Ff Ee Dd Cc Bb Aa

Nn Mm Ll Kk Jj Ii Hh

Uu Tt Ss Rr Qq Pp Oo

Ee Aa Zz Yy Xx Ww Vv

A a	B b	C c	D d	E e	F f	G g
H h	I i	J j	K k	L l	M m	N n
O o	P p	Q q	R r	S s	T t	U u
V v	W w	X x	Y y	Z z	I i	O o

G g	F f	E e	D d	C c	B b	A a
N n	M m	L l	K k	J j	I i	H h
U u	T t	S s	R r	Q q	P p	O o
O o	I i	Z z	Y y	X x	W w	V v

Ba	Be	Bi	Bo	Bu			Ca	Co	Cu
ba	be	bi	bo	bu	–	–	ca	co	cu
Ça	Ce	Ci	Ço	Çu	Da	De	Di	Do	Du
ça	ce	ci	ço	çu	da	de	di	do	du
Fa	Fe	Fi	Fo	Fu		Ga	Go	Gu	
fa	fe	fi	fo	fu	–	ga	go	gu	–

Cu	Co	Ca			Bu	Bo	Bi	Be	Ba
cu	co	ca	–	–	bu	bo	bi	be	ba
Du	Do	Di	De	Da	Çu	Ço	Ci	Ce	Ça
du	do	di	de	da	çu	ço	ci	ce	ça
	Gu	Go	Ga		Fu	Fo	Fi	Fe	Fa
–	gu	go	ga	–	fu	fo	fi	fe	fa

	Ge	Gi			Ja	Je	Ji	Jo	Ju
_	ge	Gi	_	_	ja	je	ji	jo	ju
La	Le	Li	Lo	Lu	Ma	Me	Mi	Mo	Mu
la	le	li	lo	lu	ma	me	mi	mo	mu
Na	Ne	Ni	No	Nu	Pa	Pe	Pi	Po	Pu
na	ne	ni	no	nu	pa	pe	pi	po	pu

Ju	Jo	Ji	Je	Ja			Gi	Ge	
ju	jo	ji	je	ja	–	–	gi	ge	–
Mu	Mo	Mi	Me	Ma	Lu	Lo	Li	Le	La
mu	mo	mi	me	ma	lu	lo	li	le	la
Pu	Po	Pi	Pe	Pa	Nu	No	Ni	Ne	Na
pu	po	pi	pe	pa	nu	no	ni	ne	na

Ra ra	Re re	Ri ri	Ro ro	Ru ru	Sa sa	Se se	Si si	So so	Su su
Ta ta	Te te	Ti ti	To to	Tu tu	Va va	Ve ve	Vi vi	Vo vo	Vu vu
Xa xa	Xe xe	Xi xi	Xo xo	Xu xu	Za za	Ze ze	Zi zi	Zo zo	Zu zu

Su	So	Si	Se	Sa	Ru	Ro	Ri	Re	Ra
su	so	si	se	sa	ru	ro	ri	re	ra
Vu	Vo	Vi	Ve	Va	Tu	To	Ti	Te	Ta
vu	vo	vi	ve	va	tu	to	ti	te	ta
Zu	Zo	Zi	Ze	Za	Xu	Xo	Xi	Xe	Xa
zu	zo	zi	ze	za	xu	xo	xi	xe	xa

Nha	Nho	Nhão	Lha	Lhe	Lho	Qua	Que	Qui	
nha	nho	nhão	lha	lhe	lho	qua	que	qui	–

Ha	He	Hi	Ho	Hu	Cha	Che	Chi	Cho	Chu
ha	he	hi	ho	hu	cha	che	chi	cho	chu

–	Qui qui	Que que	Qua qua	Lho lho	Lhe lhe	Lha lha	Nhão nhão	Nho nho	Nha nha
Chu chu	Cho cho	Chi chi	Che che	Cha cha	Hu hu	Ho ho	Hi hi	He he	Ha ha

ADESIVOS PARA A ATIVIDADE DA **PÁGINA 13**.

ADESIVOS PARA A ATIVIDADE DA **PÁGINA 101**.

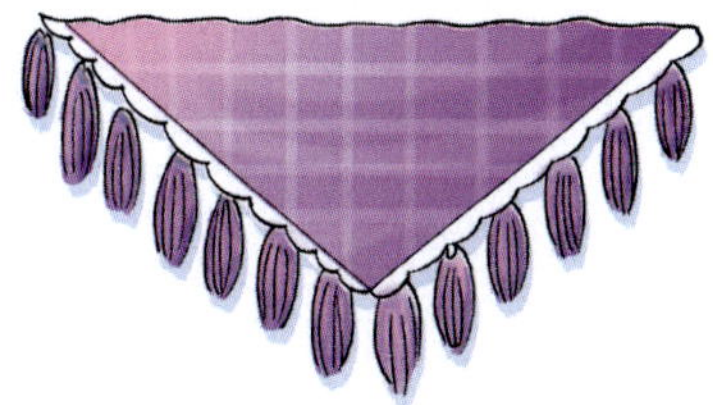

Ilusta Cartoon/Arquivo da editora

MARCHA CRIANÇA
EDUCAÇÃO INFANTIL

LINGUAGEM 3
LIVRO DE LEITURA

A BELA E A FERA
NO JARDIM DO CASTELO

editora scipione

MARCHA CRIANÇA
EDUCAÇÃO INFANTIL

LINGUAGEM 3

A BELA E A FERA
NO JARDIM DO CASTELO

BASEADO NO CONTO DE MADAME LEPRINCE DE BEAUMONT

ADAPTADO POR NAIRA GOMES DOS SANTOS

E JULIAN GUILHERME FERMINO GUIMARÃES

ILUSTRADO POR PIRAPRAQUE

editora scipione

ERA UMA VEZ UM HOMEM MUITO RICO QUE MORAVA COM SUAS TRÊS LINDAS FILHAS. CERTA VEZ, ELE RECEBEU UM BILHETE EM SUA CASA, COM O SEGUINTE RECADO:

O HOMEM FICOU APAVORADO E DISSE ÀS SUAS FILHAS:

— MINHAS QUERIDAS FILHAS, ALGO MUITO GRAVE ACONTECEU. É POSSÍVEL QUE TENHAMOS PERDIDO NOSSAS RIQUEZAS DA NOITE PARA O DIA. MAS AINDA HÁ ESPERANÇA! VOU AO PORTO VER O QUE POSSO FAZER.

AS FILHAS MAL PRESTARAM ATENÇÃO AO QUE O PAI DISSE. A MAIS VELHA APRESSOU-SE EM DIZER:

— VAI AO PORTO? ENTÃO TRAGA PARA MIM UM VESTIDO BEM BONITO E UM PAR DE SAPATOS.

A FILHA DO MEIO TAMBÉM NÃO PERDEU TEMPO:

— OBA! PRESENTES! EU QUERO UM COLAR DE PEDRAS PRECIOSAS, UM ANEL E UM PAR DE BRINCOS.

O PAI, MESMO ABALADO, DISSE:

— TUDO BEM. VOU VER O QUE POSSO FAZER. E VOCÊ, BELA? O QUE DESEJA?

APESAR DE SER A MAIS NOVA, BELA ERA A ÚNICA QUE TINHA ENTENDIDO TUDO. ELA VIU COMO O PAI ESTAVA TRISTE E FALOU:

— NÃO QUERO NADA, PAPAI. FICAREI FELIZ SE O SENHOR TROUXER PARA MIM UMA ROSA.

O PAI ANOTOU OS PEDIDOS DE SUAS FILHAS E PARTIU. ELE CORRIA MUITO COM O CAVALO PARA CHEGAR AO PORTO O MAIS RÁPIDO POSSÍVEL. E, AO ENCONTRAR O CAPITÃO, RECEBEU A NOTÍCIA:

— CARO SENHOR, SÓ CONSEGUIMOS SALVAR NOSSAS PRÓPRIAS VIDAS. TODAS AS MERCADORIAS AFUNDARAM COM OS NAVIOS.

O PAI DE BELA FICOU MUITO ABATIDO. ELE TERIA QUE VOLTAR PARA CASA SEM OS PRESENTES.

COMO CONTARIA A NOTÍCIA ÀS SUAS FILHAS?

SE A VIAGEM DE IDA TINHA SIDO RÁPIDA, A DE VOLTA PARECIA SEM FIM. ELE ANDAVA DEVAGAR, CABISBAIXO.

COMO SE NÃO BASTASSE, COMEÇOU A CHOVER MUITO FORTE. JÁ ESTAVA ENTARDECENDO E O CAMINHO SERIA LONGO.

POR SORTE, O HOMEM AVISTOU AO LONGE UM CASTELO. ESTAVA VAZIO.

ELE DEIXOU SEU CAVALO EM UM LUGAR COBERTO E FOI TAMBÉM PROCURAR ABRIGO.

PELA MANHÃ, ANTES DE SAIR, VIU QUE NO JARDIM HAVIA UMA ROSA MUITO LINDA.

— ISSO É ÓTIMO! VOU LEVAR ESTA ROSA PARA BELA — PENSOU, FELIZ, AO RETIRAR A ÚNICA ROSA DE TODO O JARDIM.

SUA ALEGRIA ERA TAMANHA QUE NEM VIU A FERA SE APROXIMANDO.

QUANDO A FERA FALOU, O HOMEM LEVOU UM GRANDE SUSTO:

— COMO OUSA? VOCÊ PASSOU A NOITE EM MEU CASTELO E, ANTES DE SAIR, AINDA TEVE A CORAGEM DE RETIRAR A ÚNICA ROSA DO MEU JARDIM?

O HOMEM, TREMENDO DE MEDO, RESPONDEU:

— MA-MAS EU NA-NÃO TIVE A INTENÇÃO. SÓ QUE-QUERIA LEVAR UMA RO-ROSA PARA A MI-MINHA FILHA, BELA.

— VOCÊ PRECISA APRENDER A NUNCA MAIS FAZER ISSO. JÁ QUE A ROSA ERA PARA SUA FILHA, ELA TAMBÉM PAGARÁ. AMANHÃ, QUERO QUE A TRAGA PARA VIR MORAR COMIGO. CASO CONTRÁRIO, VOCÊ PERDERÁ A SUA VIDA.

O PAI DE BELA TORNOU-SE O HOMEM MAIS TRISTE DO MUNDO. TUDO O QUE ELE MAIS AMAVA ERAM AS SUAS FILHAS. ELE PREFERIA MIL VEZES QUE FOSSE ELE QUEM TIVESSE QUE FICAR NO CASTELO.

AO CHEGAR À SUA CASA, ELE CONTOU ÀS FILHAS O QUE HAVIA ACONTECIDO.

— OH! QUE HORROR! — DISSE BELA APAVORADA.

MAS LOGO RECUPEROU-SE E CONSOLOU O PAI:

— SE NÃO HÁ O QUE FAZER, PAPAI, NÃO PRECISA FICAR PREOCUPADO. PODE ME LEVAR PARA IR MORAR COM A FERA.

NO DIA SEGUINTE, BELA PARTIU COM SEU PAI EM DIREÇÃO AO CASTELO.

QUANDO CHEGARAM, BELA ASSUSTOU-SE COM A APARÊNCIA DA FERA, MAS NÃO VOLTOU ATRÁS EM SUA DECISÃO E DESPEDIU-SE DO PAI.

— NÃO FIQUE COM MEDO, BELA. NÃO FAREI MAL ALGUM A VOCÊ — DISSE A FERA.

DURANTE A PRIMEIRA NOITE, BELA QUASE NÃO DORMIU. ELA SENTIA FALTA DE SEU PAI E DE SUAS IRMÃS. MAS, COM O TEMPO, ACOSTUMOU-SE A MORAR NO CASTELO E PERDEU O MEDO DA FERA. APESAR DA APARÊNCIA ASSUSTADORA, A FERA ERA UMA CRIATURA GENTIL E DELICADA.

TODAS AS MANHÃS, A BELA E A FERA IAM CUIDAR DO JARDIM. DEMOROU MUITO TEMPO PARA QUE OUTRA ROSA NASCESSE. MAS, DEPOIS DE MUITA DEDICAÇÃO, AS ROSAS E OUTRAS FLORES COMEÇARAM A BROTAR.

BELA PASSOU A GOSTAR MUITO DO JARDIM. ELA PERCEBEU QUE AGIA ERRADO AO PEDIR FLORES AO SEU PAI.

POR MAIS QUE AS ROSAS FOSSEM BONITAS, NÃO ERA CERTO ARRANCÁ-LAS DA NATUREZA.

MESMO TENDO SE ACOSTUMADO À SUA NOVA VIDA, BELA AINDA SENTIA MUITA SAUDADE DA SUA FAMÍLIA. CERTO DIA, CRIOU CORAGEM E PEDIU À FERA QUE A DEIXASSE VISITAR SEU PAI E SUAS IRMÃS.

— PERMITO QUE VÁ, BELA — DISSE A FERA —, MAS NÃO DEMORE MUITO. DENTRO DE UMA SEMANA QUERO QUE RETORNE. PRECISO DE SUA AJUDA PARA MANTER O JARDIM BONITO E FLORIDO.

BELA FICOU RADIANTE. ELA FAZIA AS MALAS CANTANDO E DANÇANDO DE TANTA ALEGRIA. FINALMENTE PODERIA REVER SUA FAMÍLIA.

NO DIA SEGUINTE, UMA CARRUAGEM PREPARADA PELA FERA ESTAVA EM FRENTE AO CASTELO. BELA SE DESPEDIU E PARTIU COM MUITA ALEGRIA.

ASSIM QUE CHEGOU, BELA FOI MUITO BEM RECEBIDA. TODOS QUERIAM ABRAÇÁ-LA AO MESMO TEMPO, DE TANTA SAUDADE.

LOGO BELA FOI CONVERSAR COM SEU PAI:

— E ENTÃO, PAPAI? COMO VÃO OS NEGÓCIOS?

O PAI DE BELA LHE RESPONDEU MUITO ALEGRE:

— O CAPITÃO DO NAVIO ESTÁ NOS AJUDANDO MUITO. NÃO SE PREOCUPE CONOSCO. ESTÁ TUDO BEM. E VOCÊ, COMO ESTÁ?

— EU TAMBÉM ESTOU BEM, PAPAI. AINDA SINTO MUITA FALTA DE VOCÊS. MAS A FERA NÃO É MÁ, SABIA? NA VERDADE, ACHO QUE ELA É MUITO SENSÍVEL E GENTIL.

BELA ESTAVA MUITO CONTENTE POR ESTAR AO LADO DE SUA FAMÍLIA, QUE TANTO AMAVA.

OS DIAS FORAM PASSANDO E ELA QUASE SE ESQUECEU DE QUE PRECISAVA RETORNAR AO CASTELO. POR POUCO NÃO PERDEU A CARRUAGEM QUE A LEVARIA DE VOLTA.

MAS BELA JÁ NÃO ESTAVA TÃO TRISTE AO SE DESPEDIR. ELA PERCEBEU QUE GOSTAVA DA FERA E QUE SENTIA SUA FALTA.

AO SE APROXIMAR DO CASTELO E AVISTAR A FERA, BELA JOGOU SUAS MALAS NO CHÃO E CORREU PARA ABRAÇÁ-LA. FICARAM POR UM TEMPO RODOPIANDO E RINDO.

— EU SENTI MUITO SUA FALTA, BELA!

— EU TAMBÉM SENTI A SUA — RESPONDEU BELA, E DEU UM BEIJO NA FERA.

TUDO AO REDOR COMEÇOU A GIRAR. A FERA, AOS POUCOS, TRANSFORMOU-SE NUM LINDO PRÍNCIPE!

BELA NÃO CONSEGUIA ACREDITAR.

— MAS COMO?

O PRÍNCIPE SORRIU E DISSE:

— FINALMENTE, ESTOU LIVRE, BELA. GRAÇAS AO SEU AMOR, VOLTEI A SER O QUE ERA.

E EXPLICOU:

— NO PASSADO, BELA, EU NÃO SABIA CUIDAR DA NATUREZA. ARRANCAVA AS FLORES E OS FRUTOS DAS ÁRVORES E NÃO PLANTAVA NENHUMA FLOR. UM DIA, UMA FADA ME TRANSFORMOU EM FERA E DISSE QUE O FEITIÇO SE DESFARIA SOMENTE SE APRENDESSE A CUIDAR DA NATUREZA E SE FOSSE DIGNO DO AMOR DE UMA MULHER GENEROSA, QUE SÓ QUISESSE FAZER O BEM PARA TODOS.

EMOCIONADA, BELA DISSE:

— VOCÊ TAMBÉM ME TRANSFORMOU. COM VOCÊ, APRENDI A DAR VALOR À NATUREZA.

UMA GRANDE FESTA FOI FEITA PARA COMEMORAR O FINAL DO FEITIÇO E O INÍCIO DESSE ROMANCE.

QUEM CONHECE ESTA HISTÓRIA, GARANTE QUE O PRÍNCIPE E A BELA VIVERAM FELIZES PARA SEMPRE, CUIDANDO DE SEU LINDO JARDIM.

MARCHA CRIANÇA
EDUCAÇÃO INFANTIL

BELA ADORAVA GANHAR ROSAS DE SEU PAI. O QUE ELA NÃO SABIA É QUE ISSO ERA RUIM PARA A NATUREZA. AGORA, PARA APRENDER, BELA TERÁ QUE MORAR NO CASTELO DA FERA! E AGORA? SERÁ QUE BELA VAI FICAR BEM?

LINGUAGEM
LIVRO DE LEITURA
3

editora scipione